Middle 微散文集

曾經／
有一個這樣
的你

文 Middle

CONTENTS 目錄

01 { 意 亂 之 前 }

02 { 沉 浮 之 間 }

03 { 放 下 之 後 }

細訴你內心深藏的秘密

思詩

曾經，

我懷疑 Middle 是一位女子！

字裡行間瀰漫著少女情懷，

寫出多愁線感的豐富感情，

怎麼你對我們的心事瞭若指掌？

故事的人物，

恍如身邊熟悉的人；

情節更是似曾相識，

就像親歷其境一樣？

你的文章，

就像我們的影子，

將埋藏在內心深處的秘密，

——細訴！

曾經，

我懷疑 Middle 是一位情場玩家！

拍拖經驗豐富，

經歷多次暗戀、戀人未滿、苦戀、多戀、失戀……

甚至是情聖？

字裡行間帶領我們慢慢走入情感禁區，

徘徊著那份苦苦滋味，

再讓我們看清種種局面！

曾經，我懷疑 Middle 是情場上的失敗者，

只有親身經歷過，親身體會過，

才能清楚掌握在情困當下的所思所想？

只有經歷過最痛最苦的滋味，

才能寫出這些文章吧？

你的每一個字，

震撼我們內心深處，

牽動我們的情緒，

讓我們好好痛哭過，

再好好的活下去！

曾經，

Middle 是我的感情顧問，

有一次，我向你傾訴苦況後，

你叫我翻開《如果有些心意不能向你坦白》的某一頁，
那篇啜核文章真的說穿了我當時的思緒！
令我有點吃驚，這簡直是「神回」啊！

Middle，謝謝你！

在此，恭賀你的女兒誕生！
祝一紙風行，再版多次，
亦期待你的第五六七八女兒，
一直寫到老！

P.s. 請不要在情緒低落時閱讀 Middle 的文章，
不然眼淚會悄悄走下來⋯⋯

思詩

香港繪本作家。
臉書專頁：思詩公主
www.facebook.com/CeciDesign

看著看著，眼淚不知不覺掉下

六師弟 小波

大師兄（我對 Middle 的稱呼）找我寫序的時候，我
當下反應是：

「媽媽咪呀！Really ?! 」（興奮尖叫＋撒花轉圈）

當然，夜闌人靜，那一些內心音也只是默默地在心
深處叫囂啦！（吐舌）夏天的時候，才以生日為名，
把二妹帶回家當自己生日禮物去；冬天還沒有結束，
就這樣呼一聲的說要出世了！我才不會跟你們說，那
一下腦裡頭確確實實閃過了許多過去。（傲嬌嗎？）

從一個個似曾相識的小故事，到一段段直擊中心坎
去的散文；從 Blog 裡留言交流，到 facebook 默默按
讚、按分享；從以為大師兄是女的，到他以為我是
台灣來的。（溫馨提示：大師兄他是個男的，而妹
我是個土生土長的香港女孩〔笑〕）後來，莫名地
我成了六師弟，現在還一直喚他大師兄。從前到現

在，認識他的人更多了，支持他的人也隨之而增加。這一路走過來，要把他形容一下，大概就一個詞語：「星夜」。

經歷曖昧、苦戀、失戀，感受纏人的患得患失、熬人的似有若無、折人的難捨難離。這裡頭有多少是不能對人言，有多少不懂把它化成言語去表達，慢慢的，它們結留在心中，繞了一圈又一圈，窒息一樣的哽在喉間。直到看了他的文章。簡單的文字如斯有力地寫出了心事，如斯細膩地刻劃了放不下的情感。看著看著，眼淚不知不覺地掉下來了。

或許，那一刻，淚水沖不走鯁在心裡的刺；
或許，刺拔出了以後，心裡還是留下了黑洞；
或許，結痂好了以後，偶爾那舊患還是會隱隱作痛。

暴雨以後，不一定馬上晴天。但至少，也不是烏雲蓋頂。在天亮以前，在彩虹橋建成以前，他告訴你，原來心底裡的傷痛，是有人能夠瞭解的；原來說不出口的話，這下在眼前表述得明明白白；原來徘徊谷底的不只是你一個，黑暗裡頭有繁星相伴，大家

一起共鳴，任字句溫柔地驅走黑暗，待著天晴來。
所以，這就是為什麼大家總把你（大師兄）看成女
的啦～（喂！這總結亂入什麼！）

好啦！認真的！感謝大師兄找我寫序。讓我有機會
像過去一樣胡鬧起來。（相信我，其實從一開始我
就超級認真，好嗎？）

P.S. 大師兄往後也請繼續加油啊！

六師弟 小波
忠實讀者 + 好友

Middle 按：「六師弟」、「大師兄」是源於電影《少林足球》，
當初為甚麼會這樣喊對方已不可考。與六師弟是從網誌裡的留言
認識，轉眼已八年了。在此再次感謝她一路以來的支持與愛護。

大家都在讀，Middle

新生代夢想作家／Peter Su

如果說放下一個不屬於你的曾經需要反覆的練習，

那我們從這裡開始。

知名兩性作家／艾莉

愛情是我們這一輩人最大的小事

因為看得重難免要受傷

所以

我們閱讀

試著

從文字裡學會

不讓相同的錯誤再犯一次

暢銷小說作家／莫顏

閱讀 Middle 的文字，

如同一場和自己心靈的對話，

幫助你找回一種叫做「勇氣」的情感。

別忘了，那個微笑的自己

Middle

也許曾經我們都遇過一個，想要認真去面對的人。

為了他，你可以廢寢忘餐，
只為了去做好他交待給你的事情；
你可以徹夜不眠，
只為了等他的回覆、再回覆他的短訊。
你可以忘掉自己，
只為了令他轉愁為喜、展露微笑；
你可以默默堅守，
只為了他有天回頭的時候，可以看得見自己……

以前，從來沒有一個人讓你如此著緊。
你花了多少精神與心機，只為去靠近這一個人。
是因為喜歡他嗎，也許你又未必明確肯定自己的情感，
又或者是因為有點害怕吧，你怕確認了自己情感的同時，
也不能再去逃避面對，他是否跟你擁有一樣的認真。

於是，你讓自己的期望變得單純，

只為了對他好，只求讓他快樂，

只盼望，這一個人有天會好好地認真地面對自己……

然而，我們讓自己的希望變得如此單純的同時，

也是一再讓自己學會如何退而求其次。

不要被拒，所以不要透露太多，

不要煩惱，所以不要思考太多，

不要失望，所以不要要求太多，

不要受傷，所以不要認真太多……

但是再多的不要，其實也不過是讓自己不要放棄的藉口；

不要放棄，但也不要認真，

卻又想得到別人的認真回望，

有多少人就是在這種矛盾中不敢向前，患得患失，

然後又逐漸迷失了目標與理想。

有多少人，又會在有天終於等到對方認真回望自己的時候，

方發現真正的自己早已經因為一再的退而求其次，

而深埋在無數重面具之下；

對方不能看見自己真正的笑臉，

甚至是，自己也忘了如何快樂地微笑……

在追尋的過程中，在成長的歲月裡，
我們常常反而忘記或埋沒了真正的自己。

曾經的堅定、勇敢、決心、率真、不顧一切，
曾經的迷失、懦弱、寂寞、幼稚、不敢向前，
都是我們生命裡重要的組成部份，
但有多少曾經是得不到別人的重視，
然後那些曾經又會被自己逐漸捨棄。

我們依然希望，有人能夠願意認真的留意自己、愛自己，
只是最後我們又會忽略了，除了被愛，
自己也想用最真摯的面貌去好好愛人，
去盡情的笑與哭……
曾經，有一個這樣的你，
只可惜，如今你已經不再記起。

一直希望，自己能夠用文字確切寫出不同心情或感受。
有些朋友笑說我總是在寫感情，
但其實我是更想記低生活或成長裡曾經有過的煩惱、

迷思以及人的面貌。

或者未必可以提供答案或出路，

但我認為，勇敢認清自己、向自己坦白，

也是人生一門重要的功課。

也許我的功力仍然不足，但是我會繼續努力，

謝謝你們一直以來的支持、幫忙與鼓勵，

希望我有機會去寫更多不同的心情與故事。

希望你們會喜歡這一本書。

01

意 亂 之 前

{　是一個人練習想得太多　}

如今你終於明白，為甚麼會痛，
在那些只有你一個人記得的日落與晚霞，
原來有多少喜歡，便會有多少心痛。

一 點 喜 歡

有一點喜歡你⋯⋯
這句話語，
總是讓人心癢，
又會心痛。

當你尚在迷惑，
有一點喜歡、即是有幾多喜歡；
當你還在比較，
有一點喜歡、是否比喜歡別人更多；
當你仍在煩惱，
有一點喜歡、為甚麼你們還沒有在一起⋯⋯

某天，他卻對你說，
終於找到一個喜歡的人，
他決定要跟那個人，在一起⋯⋯
你笑笑，不說話，
不敢問，那我呢；

不敢問，還會喜歡我嗎；

不敢問，是否真的有喜歡過我；

不敢說，其實我真的很喜歡你……

你只能以不說話，或一個微笑，

來掩飾自己、欺騙自己，

同時保護那曾經屬於你的微小祝福、

運氣、與回憶——

曾經，有一個人跟你說，

有一點喜歡你；

曾經你為這一句說話，茫然過幾多黃昏與夜深，

每次想起，總有點心癢，

卻又會有點心痛……

如今你終於明白，為甚麼會痛，

在那些只有你一個人記得的日落與晚霞；

是因為有過那一點喜歡，於是就會有這一點心痛，

原來有多少喜歡，便會有多少心痛。

原來有多少喜歡，便會有多少心痛。

不 悟

總會有這種情況：

某誰待你很好很好，好得不像普通朋友，

但是又從不會表示甚麼，

等你終於認真想問他、為何要對你如此著緊，

他卻像是心靈感應到你的想法，

對你變得不再著緊。

第一次你遇到這種情況，

你或者會認為這就是曖昧；

第二次你遇到這種情況，

你會開始迷惑是否自己做錯了甚麼；

之後幾次你再遇到這要來不來、似是而非的親密，

你不斷審視每次的發生、過程與結束，

同時間學到更多虛無縹緲的愛情理論。

直到有次你把握機會、

在對方未離場前先一步表達自己的心意，

你看到對方那錯愕、尷尬、甚至是冷漠的表情，
與他之前表現的親密大相逕庭，
你忽然明白，原來一直以來就只有自己在認真而已。

又過了幾次這樣的情況，遇到了這樣的人，
你終於了解到，其實對方待自己如此親密，
並不一定是因為喜歡自己，
或許只是因為寂寞，或許只是因為怕冷，
或許只是尋求新鮮，或許只是一場遊戲而已；
不過，即使如今你明白這道理，
你仍是會為那一種似是而非的親密，
或沉迷，或不忿，或煩惱，或快樂……
或許是因為出於寂寞，或許是因為天氣變冷，
或許是因為你仍奢想真心會換來情深，
或許……
你其實跟對方一樣，仍在執迷不悟而已。

你其實跟對方一樣，
仍在執迷不悟而已。

不 敢 靠 近

當對著一個，

明知道不可接近的人，

即使他會對你很好很好，

即使他會對你說，

會需要你、不會忘記你，

但你還是不會想，讓自己太過依賴對方，

不會想，自己有天會變得放不低，

不會想，想得太多。

雖然你心底原來希望，

對方終有天會親口跟自己說，

你，其實是可以依賴我的，

你其實可以要求更多，

其實，你是更值得去得到寵愛，

無需一個人寂寞不安太多，

無需看著他惶惑煩惱更多⋯⋯

但你知道，

當有天感覺漸退，當有天忽然夢醒，

當有天我們再沒有半點聯繫了，

我們獨自一人，回看這一切雲煙，

你或者會終於發現或明白，

其實彼此並沒有承諾過甚麼，

其實從來沒有人有說過，

願意等待自己，願意讓自己一直依賴下去⋯⋯

即使有誰曾說過，

會需要自己，會記得自己，

但當有天自己看著再沒有新訊息的手機，

看著那不斷在變改的上線時間，

你是應該真的明白到，

對方並不真的需要自己、會記得自己，

自己真的不應該再要求甚麼——

有些話語，

也許只是用來美化這一刻的任性，

也許只是要讓自己想得太多；

也許有些人，

真的一開始就不應該接近……

但你們如今已經走到了這裡，

要回頭嗎，要繼續嗎，

你一直想一直想……

最後原來那個人還是已經讓自己想得太多。

有些話語，
也許只是用來美化這一刻的任性。

化　解

或許你不想，
彼此的關係弄得太僵，
不想曾經親近的兩個人，
莫名地變成如今的不聞不問，
甚至將來的不相往還。

幾經掙扎，你終於鼓起勇氣，
在節日的時候、在對方的生日，
你傳了一個祝福短訊給對方；
其實你知道，有些心結，
不是短短一個短訊就能夠化解；
但你不想給對方以為，
自己還會太在乎，
也不想讓對方有機會直接拒絕自己、
令自己太難堪……

於是，最後，因此，
你得到對方簡短的道謝，
又甚至是，沒有回覆……
你們再繼續如之前般，不聞不問。

彷彿沒有人在乎，自己也從來未曾認真，
但有多少無奈、矛盾、可笑，
其實你心知肚明；
也許，這種事情不會再有下次……
又也許，彼此能夠坦誠一點、或乾脆一點，
如今又怎會落得這下場。

曾經親近的兩個人，
莫名地變成如今的不聞不問。

因為你們是好朋友

最近，你們，
成為了很要好的朋友。

因為你們是好朋友，
所以你們會經常出雙入對。
因為你們是好朋友，
所以你們才會每晚都談電話。
因為你們是好朋友，
所以你們共同擁有了太多秘密。
因為你們是好朋友，
所以你們總會先回覆對方的短訊。
因為你們是好朋友，
所以你們之間從不會出現隔閡甚至冷場。
因為你們是好朋友，
所以你們不用開口就已經會知道對方的心意。

因為你們是好朋友，

所以你們只會跟對方談心事。

因為你們是好朋友，

所以你們都會很在乎對方的感受與煩惱。

因為你們是好朋友，

所以你們會常常無緣無故地想念對方、想見對方。

因為你們是好朋友，

所以你們只要見到對方就會忍不住笑。

因為你們是好朋友，

所以你們的眼裡就只會看得見對方。

因為你們是好朋友，

所以你們的默契好得多麼令人妒忌。

因為你們是好朋友，

所以你們漸漸會走得越來越近。

因為你們是好朋友，

所以你們才會親密得如此自然。

因為你們是好朋友，

所以你們才不會理會別人背後的流言閒語。

因為你們是好朋友，

所以你們才不會害怕只得自己一個人。

因為你們是好朋友，

所以你們總會相信有另一個人在等待自己。

因為你們是好朋友，

所以你們只會想更加重視或珍惜對方。

因為你們是好朋友，

所以你們⋯⋯

因為你們是好朋友，

所以你們會漸漸冷落其他的朋友，

因為你們是好朋友，

所以你們會不願別人入侵你們的世界⋯⋯

因為你們是好朋友，

因為你們，並非只是一對好朋友；

名份是甚麼並不重要，

最重要的是，你眼裡只會有那一位，

你最在乎珍惜重視想要想見想擁有想在一起的人，

除了他，其他的都已經不會再重要了。

我知道的，我真的知道，

真的太明白、也太清楚⋯⋯

因為，因為，

因為我們是好朋友，

曾經好得如你們現在般這麼耀眼，
曾經好得令所有人都會羨慕，
曾經是如此讓我刻骨銘心……

曾經，我們是好朋友，
如今，你仍是我的好朋友，
卻永遠比不上，
你的親朋密友……

縱使你還可令我感到如此心痛，
只是你已經不會再在乎，
我這位某某。

縱 使 你 還 可 令 我 感 到 如 此 心 痛，
只 是 你 已 經 不 會 再 在 乎，我 。

好 心

曾經，

自己的好心會讓自己不相信，

其實自己仍是有著離開的權利；

曾經，

對方的好心會讓自己不記得，

其實自己並非對方最重要的人。

好心不會好報，

或者你也明白、相信，

但有時候，在人生某些階段，

你總會心甘情願，不求回報，

去對一個人太好太好，

好得，從來沒有其他人可以比得上。

你會願意，幾個晚上不去睡，

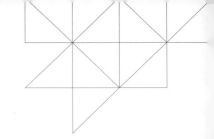

只為了對方完成作業。

你會試過，花時間去很遠的地方，

就只是要買對方喜歡吃的糖果。

對方已經跟你說過未必有空，

但你還是會將自己的假期預留給對方。

有多少次其實你已經睡了，

但是對方打電話來，你又願意陪對方談到清晨。

可能對方平常不太了解你，

但你會暗暗記下對方喜歡的事情，

卻又不會在對方面前刻意表露。

可能你也知道對方有太多心事要煩，

你會用心為對方分析思考解決抒發，

卻從不會要求對方為自己擔心更多……

彷彿，對方永遠是主角，

而自己不過是幕後的工作人員，

不會上台邀功，不會搶主角甚至配角戲份，

存在的目的就是為了支持主角，

全心全意地，不會有太多怨言，

永遠都，不求回報。

不求回報。

這四個字，看似很偉大，

但當發生在自己身上時，

卻不會有太多自豪的感覺，

或者你是因為認為是本該如此，

又或者，你只是無可奈何而已；

不求回報，

就算對方對自己不太好，

你也不會去計較，

就算對方試過欺騙自己，

你也會原諒對方……

只是縱然不求回報，

也不等於你沒有本身的需要，

不等於不會疲累，

不等於不會難受，

不等於不會寂寞，

不等於不會心痛；

你只是不會要求，又或者你不過欺騙自己，

不需要他的好他的溫柔，

以換取繼續留在他的身邊，

換取對方在某個失落夜裡的正面注視，

換取這一段其實似有還無的關係——

也許說到底，這還是你所要求的回報了，

只是這要求過於卑微，也並不值得自豪，

不論是對你自己，

還是對於你最重視的那一個人；

不論對方其實能夠輕易為你做到，

還是最後始終都對你的苦衷你的寂寞視而不見⋯⋯

又或許，自己的好心，

終於有天會得到好報，

但你或許也會終於發現，

原來自己想得到的，不一定是好報，

當對方只不過是回報是後悔是內疚是良心不安；

原來自己只是想對方不會因為自己是否好心，

能單純的、好好的，

喜歡自己罷了。

**最後始終都對你的苦衷你的寂寞
視而不見。**

好朋友的好朋友

聽說好朋友最近認識了新的朋友，
你可能不會有太多感受或想法。
直到有天你偶然發現，
他和新朋友原來會做一些、
以前本來只會和你去做的事情，
而且他們之間的感情，
在不知不覺間比你這「舊好友」還要親近，
甚至乎比起你們以前更加要好；
那刻你可能會覺得，
自己被對方遺棄或忽略了，
甚至乎，會有類似失戀的感覺。

最初，你或者會試著去做一些甚麼，
來挽回對方的注意，去爭回那最好朋友的位置；
只是，對方卻未必能夠明白到你內心的陰影，

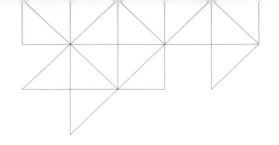

可能還會對你的不自然或不通情，

而生氣或疏遠，

結果讓你更加心灰意冷。

於是你也會採取半放棄、半對抗的態度，

不再找對方，

不再表現任何關心，

就算看見對方臉書的近況，

也要克制自己不要讚好，

讓自己消極的想，反正對方都有新的好朋友了，

又怎會需要自己這個舊人呢，

反正自己都不重要了，

又何必再要刻意關心對方呢……

如果對方在乎自己，有天自然會找回自己的吧，

找不找，決定權在對方不在自己；

如果自己在對方內心仍有一席位的話，

為甚麼又會被對方如此繼續冷落……

然後，如此這般，

你們沒有再聯絡對方，

然後，又過了好些日子，
對方終於傳來一個短訊，
問你最近怎麼樣了，
問幾時有空出來吃飯，
問，為甚麼你都不找他呢？

你看著短訊，想苦笑，
想反問，其實是你沒有找我才對吧？
但你沒有讓自己這麼去問，
你只是說自己還好，
只是想盡快再見得到，
這一位如今仍然是你心目中最重要的好朋友。

其實人大了，
認識的人越來越多，
你會開始明白及接受，
一個人可能不只會有一個好朋友，
隨著大家走上不同的前路，
我們可能會在不同的人生階段裡，
結交到一些只能夠萌芽於那個階段裡的好朋友，
而其他人是未必可以介入或分享的；

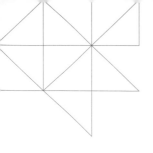

就好似，你和對方相識於彼此還幼稚的時候，
就算當時對方有幾多缺點幾多令你討厭的事，
但你們既然認定對方是好朋友，
那些回憶那些情誼，就只會永遠屬於你們兩個人。

就算後來認識更多新的朋友，
也不能夠再與以前的你們比較；
人大了，你還會跟朋友一起分一枝冰條吃嗎，
偶爾又會故意跟對方爭座位或爭廁所，
夜深了常常和對方談通宵電話，
還會向對方透露彼此的心儀對象、
甚至是決定一起去追同一個人，
你還會再因為對方認識了更好的朋友，
而感到寂寞、不忿、呷醋、傷心、
被冷落、甚至要生氣嗎？

這樣的好朋友，一生人不會有太多，
將來也不會再與別的朋友這樣交往。

朋友我當你一秒朋友，朋友我當你一世朋友，

縱使沒有合約或盟誓，
但既然認定了，就算再生氣再傷心，
你還是會繼續當對方是好朋友；
就算將來未必可以一起白頭，
只要如今大家仍是有心……
就已經足夠了。

就算將來未必一起白頭，
只要如今大家仍是有心，
就已經足夠了。

有 一 種 朋 友

有一種朋友，
你不會太過掛念，
但也不可能會完全忘掉。

有一種朋友，
不需要日日相見，
但你會留心對方臉書的更新。

有一種朋友，
你其實認識並不算深，
但你會很記得對方的一些喜好。

有一種朋友，
沒有太多共同的經歷，
但你們每次碰面還是會一見如故。

有一種朋友，

你不會特別向別人提起，

但你會將對方放在特別的位置。

有一種朋友，

你不會太記住對方的生日，

但你還是會記得跟對方說生日快樂。

有一種朋友，

你偶爾會與他約出來見面，

但你們每次都不會帶同自己的另一半。

有一種朋友，

你不會跟他一起度過任何一個節日，

但你偶爾會在某些節日裡太過想念對方。

有一種朋友，

你只會偶爾傳他短訊說些無聊話，

但你偶爾也會對他的太遲回覆太過認真。

有一種朋友，

你其實知道說不上是好朋友，

但你相信你們是比好朋友還要好的朋友。

有一種朋友，

你其實已經很久沒見了，

但你不會太抱怨對方沒有找過自己。

有一種朋友，

你知道是自己的一廂情願，

但你還是想跟對方繼續做朋友下去。

有一種朋友，

你明白是應該淡然地與對方交往相處，

但你有時候還是會禁不住投放了太多感情。

有一種朋友，

你其實是很在乎對方的存在，

但你會讓自己不會太妨礙對方的生活。

有一種朋友，

你和他名義上是普通朋友，
但你知道他其實並不算是真的朋友。

有一種朋友，
你知道不是朋友，
不是陌生人，也不會是情人，
其實你都不能清楚，這個人與自己有甚麼關係……

有一種朋友，
是特別的存在，
即使你不會說得出特別在哪裡，
即使你或對方其實心裡明白，
有些事情如果說穿了，
有些感覺如果分辨得太清楚，
你們的關係可能就會不再一樣……
即使你們其實可能從來都沒有任何關係，
即使你其實知道，
自己只是單戀這一位朋友……

是的，朋友之間，
也是可以出現單戀的，

也是一樣會可能，

只有自己將對方視作最親的密友，

然後得不到對方承認，

得不到對方太在乎的關心，

得不到對方的太多明白或注意，

得不到，始終得不到；

又也許，對方其實是知道你的心情，

而寧願和你做這一種朋友——

曾經，你有過這一種朋友，

不會時常見面，不會太過記掛，

這是對方心裡最理想最完美的交往模式；

你知道的，你很清楚，

你讓自己每天努力學習接受，

每次見面，你都會讓自己淡然微笑。

每次見面，你都會讓自己淡然微笑。

有 些 關 係

有些關係，

是兩個人已約會了很多很多次，

但是始終沒有在一起。

有些關係，

是兩個人會對外宣稱彼此是朋友，

只是其他人不會知道他們有多要好。

有些關係，

其實大家從來沒有向彼此認定過，

就只憑矇矓的相信或猜想來一直維繫。

有些關係，

是你會覺得不用將一切事情都說得太清楚仔細，

說穿了就會破壞這段關係的真正意義。

有些關係，

是其中一方知道有些界線不可僭越，

但卻又不自禁地期望有天可以出現奇蹟。

有些關係，

是另外一方知道其實不應該再如此下去，

但每一次總是未能狠心去跟對方說清楚。

有些關係，

是開始於不知不覺，

然後有天也消失於不知不覺。

有些關係，

有時會讓當事人如沐春風，

有時又會讓人哭笑不得、度日如年。

有些關係，

是始終不能如此不明不白走到永恆，

總有天總有人會希望知道那些謎題的真相。

有些關係，

其實從來沒有幾多承諾和責任，

就算對方要放手也不能有太多怨懟。

有些關係，

是最後兩個人都不再見面了，

但你還是會繼續在回憶裡向對方問好。

有些關係，

是就算有過幾多深刻細膩，

但你始終都分不清是甚麼關係……

有些關係，

是你將來某天回望，

當時那些沒有說清楚的心情，

其實是有多麼真誠著緊、是有多麼明確易懂，

只是你們沒有向對方認可，

沒有跟對方說自己原來在乎，

你們選擇讓這段關係，

就此不明不白，從此悄然而息……

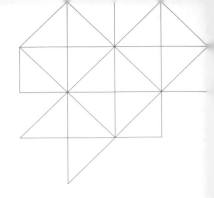

但其實你曾經多想，
結束這一段不明不白的關係，
讓你們可以重新開始一段，
實實在在的愛情。

只是有些關係，
未開始就已經結束，
結束了，以後就再沒有下一次。

只是有些關係，
未開始就已經結束。

找　我

有時候，找回一個人，

未必是想要跟對方再續前緣，

也許你只是想跟對方一起懷緬一下從前，

也許你只是想聊聊彼此的近況，

也許，你只是想自己不會再那麼遺憾而已；

只是，對方卻未必會理解你的用意，

或許更會擺出強硬或冷淡的態度，

或許，會裝作已經忘記你了，

已經不再在乎，你這個人……

你可能會不明白，為何對方要如此敏感，

為何要對曾經友好的自己這麼絕情，

為何只是想好好地說一句話都不可以……

但當你有天試過，

一個人某天忽然找回自己，

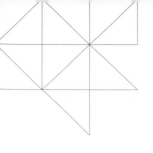

將自己原本平靜的生活再次打亂，
將本來已經平伏了的心跳，
再度牽動，
然後，那個人又離開了，
那個人繼續去過他本來在過的生活，
他全身而退，
而你卻為那些本應忘卻的心結，
又再糾纏更多⋯⋯

倒不如，
在一開始的時候，狠心一點；
倒不如，
在你找回我的時候，不要再開始。

倒不如，在你找回我的時候，
不要再開始。

沒 有 下 次

你跟自己說過，
有些事情，不會再有下次。
就好似，
無了期等一個人的電話，
或一直都在空等，
從沒有回覆過自己的短訊；
不要再輕易相信，
一些根本沒有誰保證的承諾，
也不要再不計較地無限付出，
但最後卻換不到一點回報，
甚至連尊嚴與自信都一同輸了。

不要再對一個人太過沉迷
不要再相信有美好的故事，
不要再天真以為，
別人沒有其他的選擇、不會心野，
不要再幼稚地希冀，

好心會有好報、苦盡終會甘來；

凡事忍耐，只會換來對方欺負，

凡事堅持，只會得到別人嘲笑，

奮不顧身，只會令自己困倦，

太認真在乎，最後還是會換來失望。

與其辛苦地愛人，不如等別人好好愛自己，

因為你試過了，太多次的失望，

太多次的不辭而別，

你認真的喜歡，換來他逃避的藉口，

你再哭再挽留，也只得到他冰冷的拒絕，

而他永不會知道，那種被遺下的恐怖，

深深刻烙在你的靈魂裡，

有幾多個日夜，讓你刺著心在喘氣，

有幾多次風起，讓你沒表情的淡然，

有幾多夜夢裡，讓你再受過去折磨，

有幾多次醒來，讓你覺得了無意義……

他不會知道的，

你經過了多少個春與秋，

方可以逃脫他所遺下的牢獄，

再重新站起來，再懂得自愛，
再找回快樂的力氣。

你跟自己說，
這些事情不可再有下次，
不論是對他，還是對其他的人……
寧願自私，也不要再被欺負，
寧願寂寞，也不要再被支配，
不要認真，不要再愛，
不會再傻，不會受傷……
有時候，我們說沒有下次，
也許是經驗讓我們有所成長，
又也許，只不過是我們仍在害怕，
那一個曾經傷得自己太深的人，
還有，曾經太委屈太卑微，
你不敢再面對的那一個自己……

他不會知道的，
你經過了多少個春與秋，
方可以逃脫他所遺下的牢獄。

沒 關 係

沒關係，
有多少次你跟對方說了沒關係，
你其實是真的不會介懷；
有多少次你跟自己說沒關係，
對方又會真的明白你的難過。

其實你不是不知道，
對方沒有太在乎自己這個人，
不會記得自己的事情，
總是會忽略自己的感受，
總是會對自己的說話，過度善忘⋯⋯
其實自己只是後備吧，
其實只不過是自己幻想得到太多，
其實從來也沒得到過一次他的允許，
其實，再差也不可能再差過現在⋯⋯
你如此安慰自己，
用彷彿看開的心情來勉勵自己，

如果對方會為自己的難受而曾經感到一絲抱歉，

又或者，

如果對方從來都不會對自己的心情有一點在乎……

那麼就算繼續執著繼續介意，

繼續不忿繼續追求，又有何意思……

倒不如，說一聲沒關係，

讓彼此不會太尷尬、讓對方太不安，

倒不如，跟自己說聲沒關係，

讓自己不要太難受，

讓自己仍然擁有微笑下去的力氣……

雖然或許你其實想讓對方明白，

不是每一句對不起，也能換來一句沒關係；

但是你知道，

不是每一次沒關係，也能換來一句對不起……

沒關係，真的沒關係，

只是那個人不會知道，不會明白罷了。

不是每一句對不起，
也能換來一句沒關係。

角 力

當兩人在友情與愛情之間角力，
最常出現以下情況：
你會嗟怨，他總是忽視你的心意、
沒好好珍惜你；
他會無奈，你始終認定他不明白、
不懂得體諒他。
你的想法，難道他真的不明瞭？
他的兩難，你又可有顧及更多？

也許，從一開始，
你們已經向著不同的目標，
太過相信或太過努力，
卻不知道，彼此想要的，
並不是完全一樣。
你相信，有天能夠感動對方；

能夠將友情轉化成愛情，

他相信，有天能夠將感情昇華，

和你去做一世的好朋友。

然而，期望是一回事，

可不可以做到，是另一回事，

勉強去做，可能又會發現，

其實那並不是自己想要的，

又或是會無奈，

為甚麼會變得越來越複雜——

例如，你會自覺付出得太多，

你會開始不忿，為甚麼他沒有太多在乎；

例如，他會覺得你迫得太緊，

他會開始厭倦，為甚麼你總是太過著緊。

而其實，你們可能都只是想，

兩個人能夠快樂地一起，

只不過，你想要的是愛情的快樂，

他希望要的是友情的快樂；

而因為這點點不同，你們的期待一再落空，

一天一點的不滿足，最終纏累成解不開的心結，

即使是普通的一句說話，一下關懷，

都可以讓兩個人想得太多，

而最後又總是不歡而散。

或許你或他是有多麼想，

兩個人能夠再一次坦誠交心，

將自己最真摯的感受和想法都告訴對方知道，

就算，你們做不到一對情人，

就算，你們始終不能再友好如昔，

你都希望能夠讓對方明白，

其實，你是無心去讓對方感到疲累，

你是不想讓對方有半點傷害，

你是真的在乎這個人，

你是有多麼認真，只不過，

彼此認真的世界並不一樣而已……

但，正如上面所說，

期望是一回事，

可不可以做到，是另一回事；

也許，你是認真想修補這關係，

但對方卻未必會想，

也許對方早已經太心灰意冷，

也許，對方早就已經學得不在乎。

又也許，大家都依然有心，

只是，兩個不能再同步的人，

即使將話說得再清楚，

也未必可以讓對方完全的接收或明白，

因為，經過之前太多糾纏，

有時候我們會變得先入為主，

有時候，我們又會太顧忌對方感受，

有時，我們又會回歸到原本的不同，

你想要的，是愛情，

他期望的，是友情，

就算口裡說不在乎不介意，

但心裡面還是太清楚兩個人之間的不同……

偶爾你會回頭，會想，

為甚麼這段關係會變得如此複雜，

為甚麼不能夠再像最初那般，

簡簡單單，快快樂樂。

是因為當時彼此都不太了解對方，

在模糊曖昧的氛圍下，

才能生出這一種讓彼此都難忘的情誼嗎；
還是，如今我們其實是不應該再有半點往來，
曾經太過糾纏的兩個人，
需要一次徹徹底底的分離道別，
才能夠放過對方、放過自己，
讓彼此都真正的自由……

然而，你或會想，
放開手就可得到自由，
但自己從來都沒有握緊過甚麼，
要放，放些甚麼呢，
這樣又會甘心嗎，會情願嗎……

其實，你只是不想輸了這一場角力而已。

放開手就可得到自由，
但自己從來都沒有握緊過甚麼。

取 悅

他想你笑，

你就會笑；

他不想你哭，

你就不會哭。

他想見你，

你就讓他見；

他不想見你，

你就不敢見他。

他想覆你，

你就一直去等；

他不想回覆，

你就讓自己繼續去等。

他想低調，

你就不敢張揚你和他的一切；

他不想說話，

你就將所有心事吞回肚子裡。

他想走了，

你就笑著讓他離開；

他想回來，

你就笑著等他回來。

他不想回來，

你就跟他說沒關係；

他不想內疚，

你就跟他說他沒半點責任。

他想念了誰，

你就鼓勵他去找回誰；

他想念的人沒有你，

你就傳短訊給他說你想念他。

他想你了，

你就告訴自己不要太貪心；
他不想再見了，
你就告訴自己別再勉強。
他想……

他想甚麼，你都去做，
這不是偉大，也不是對一個人好，
你只是在取悅這一個人，
來換取自己的不用爭取，
來放棄自己的思考理性；
甚麼時候，才到你想，
甚麼時候，才會到他主動，
甚麼時候你才記得要，
取悅自己。

甚麼時候你才記得要，取悅自己。

明明就他比較溫柔

周杰倫的一首《明明就》，
有以下兩句歌詞：
　　明明就他比較溫柔
　　也許他能給你更多

其實，當一個人會這麼想的時候，
尤其是對著自己喜歡的人，
還會想到有另一個人可以比自己更勝任、
能夠給對方更多幸福，
那麼這一個人本身，
也應該是一個溫柔的人吧，
至少，不會比「他」的溫柔遜色……

但有些事情，
你知道本來就並不是可以如此比較。
就算，你是真的肯定或相信，
你可以給予對方更多幸福，
你比別人更加懂得珍惜，
你和對方更相襯、

你更了解他這個人，

甚至是，你比誰都喜歡他更久遠、更加深；

可是你也知道，

他喜歡的並不是自己，

又或者他是也有喜歡你的，

只是他更喜歡另一個人……

那一個人，

也許在很多方面都及不上你，

但感情事並不是如此比較，

真要比較的話，在起跑線尚未開跑的時候，

可能早就已經輸了——

因為他喜歡那個人更多於喜歡你，

其他的各種比較、也都比不上這一個項目，

而且並不是單靠努力或堅持，

就可以反敗為勝，

即使你比誰都更喜歡他，

即使你比誰都更加認真……

你知道，

有些事情其實早就已經註定。

如果他真正喜歡的人，

始終不會是自己，

那麼你寧願希望，

他最後所喜歡的對象，

會是一個比自己更溫柔的人；

即使或許連旁人也會覺得，

對方是比不上你，

但你內心仍是會如此期盼或許願，

將來那一個人，

一定會比自己給予他更多更多的幸福，

那些自己所沒法做到、不可再給予的溫柔；

而你呢，會繼續做他的朋友，

不會讓他為你有半點煩惱或皺眉，

不會讓自己的內心有太多漣漪……

其實你是一個溫柔的人，

沒有人比你更加懂得對他溫柔；

只是你不能夠和別人比較，

只是你永遠都不會讓他知道而已。

只是，你永遠都不會讓他知道而已……

知 心

朋友，不需要多，

有幾個知心，就已經很好。

就算偶爾我們會吵架，

過後又會和好如初，

偶爾會故意互相不理睬不找對方，

然後又會因很久沒聯繫而有一點尷尬，

偶爾因為被冷落而生氣，

偶爾又會因為被太過倚賴而覺得疲累，

偶爾大家會走在不同的道路上，

甚至是，我們都忘了當初的共同理想，

偶爾會離對方很遠很遠，

偶爾我們又會感應得到對方的思念，

偶爾你會發現，其實我有一些秘密沒有讓你知道，
然後你會在知道那些秘密後，
仍然願意和我友好下去⋯⋯

朋友，不需要多，
有幾個知心，就已經很好；
有一個這樣的你，我又何必看不開。

有一個這樣的你，
我又何必看不開。

後覺

有些事情，
開始的時候總是不知不覺。

最初，你沒打算與他深交，
但不知不覺，你和他開始會聊天；
原本，你沒打算和他交換電話號碼，
但不知不覺，你們談過幾多深夜的電話。

以前沒有想過，
自己有天也會只顧看著手機，
掛著打字回覆對方、
而冷落了眼前的家人或朋友；
你也不會相信，
自己竟然會跟他一次又一次約會，
即使你本來已經很累很想睡了，

但每次他一邀約，你又會馬上倦意全消。

是在不知不覺間，走得如此接近，
你們習慣了對方的呼吸與步伐；
有多少次，你們的話才說了一半，
彼此就已經為下半句而大笑，
有多少次，你們結伴同遊到深夜凌晨，
你們知道對方都捨不得回家，
到最後，也只好約定在明天再見面……

其實，來到這天，
你是清楚知道，
這一切已經都不再算是不知不覺。
或者，在最初，
有些感情是不知不覺地悄然冒起，
但如今這感情，
卻操控了自己生活的喜與樂；
你會因為收到他的短訊而樂上一晚，
你會因為得到他的支持而充滿勇氣，
你是多麼想與他繼續靠近、
與他更加同步，

你是有多麼想，與對方走在一起……

但縱然如此，你還是不會將一切言明，
不會讓自己做得太明顯，
不會太直接讓對方知道你的付出、
自己的心意。

只因縱然你相信，
自己已經很熟識這一個人，
但他是不是與自己有著一樣的感情，
你卻始終不能肯定，
因為，你們是不知不覺地走在一起的，
大家從來沒有刻意約定過，
也沒有明白地向對方交心；
或許，他是也喜歡自己，
但每個人喜歡的著眼點卻不盡相同，
可能他只是喜歡自己的健談，
只是喜歡和自己相處得來，
只是珍惜有一個喜好相近的朋友，
只是對自己有著好朋友的喜歡……

又或許，一切都只是想得太多，

包括他沒有真正喜歡自己，

也包括，他有一點的喜歡自己。

再怎麼想，也是始終不會找到答案，

倒不如，讓彼此這份情誼、這段關係，

繼續隱藏在這不知不覺的藉口裡面，

繼續不著痕跡地與對方親近親暱，

就算明明就似情侶，

也不要將底牌揭開……

因為是如此難得，與對方走得如此近，

是有著多少幸運和巧合，

如果再重新來過，

你相信自己不能再如此不知不覺，

你們的感情不可能再發展得這麼完美……

而且你知道，

若將一切揭穿了，如果不能在一起，

沒有多少人可以幸運地再重新開始；

能夠認識到他，已經是如此幸運，

不要再貪心太多了，

不要去知道太多，不要讓自己醒覺，

不要破壞這刻的快樂與關係，

就繼續安坐在這個位置、

繼續讓這不知不覺的溫柔擁抱著自己，

一定會更加漫長，一定會更加幸福……

直到哪天，

隨著時間遠去，

你們在不知不覺間開始疏遠，

他的聲音變得冷淡，

你的親近變成多餘，

雖然你們依然是好朋友，

是刻意保持距離的好朋友，

就只是會彼此問好的朋友……

那時候你方明白，

原來自己還是想得太天真，

其實又怎會有永遠的不知不覺，

這不過是一個假裝不明白、

不用面對的藉口罷了，

不論是在於你、或是在於他；
底牌有沒有被揭開，
當感覺褪色，當時效過去，
其實都已經不再重要……

然後，在不知不覺間，
他離開了你的世界，
然後，你一個人留在原地，
偶爾讓自己繼續不知不覺，
偶爾取笑自己，如此後知後覺。

你一個人留在原地，
偶爾讓自己繼續不知不覺，
偶爾取笑自己，
如此後知後覺。

背棄

你不明白，
為甚麼自己一直重視的朋友，
會忽然變得毫無來由地，
疏遠自己，甚至是討厭自己。

碰到面了，不會再微笑點頭，
傳短訊過去，也是不會得到回應；
你鼓起勇氣，問對方是有心事嗎，
但只換來簡短的否認……

可是對方近來在臉書裡說的失意話，
卻又會讓你忍不住想得太多。
是自己做錯了甚麼嗎？
是甚麼時候，自己無心傷害了對方？
你想了幾天，但始終都想不出原因，

只知道，彼此之間的距離變得越來越遠，

由以前每天都會傳短訊聊天，

變成現在連早晨也不會說一聲；

由以前經常會相約去吃晚飯甜品，

變成現在對方寧願約會所有朋友、偏偏不會邀約自己，

而且彷彿還無意或有心，

讓你知道如今你正在被冷落，

被懲罰。

被無視、

冷待的感覺固然難受，

但你更不願意，

自己是做了甚麼讓對方有所誤會、討厭自己。

然後在你一再低姿態地向對方詢問，

又或者花了幾多心機向別人打探，

你也許會發現到真正原因，

例如，你在某個聚會裡讓對方覺得被冷落忽視，

例如，你近來都沒有聯絡對方、沒有約對方出來見面，

例如，你沒有在對方生日時在臉書留下祝福，

例如，你最近跟一個對方不喜歡的人成為朋友……

也許這些原因，有些是合理的，

有些是讓人無奈的，

有些，卻會令自己哭笑不得；

但不論如何，你仍是重視這位朋友，

你寧願親自去向對方解釋、道歉，

也不想對方會因為自己所做的而內心難受，

不想就這樣失去對方。

只是有些裂痕，卻不是三言兩語之間就能夠平復，

疏遠了的關係也不是單方面想和好、靠近，

就能夠立即回到最初。

即使你已經盡了全力、已經表示最大的誠意，

但是對方仍是有權去不接受或不原諒，

仍是偏偏要選擇，

繼續疏遠討厭自己。

就算你多不甘心、不忿氣，

就算你每天都很難受、失落，

但當每次你見到對方，

對方依然是一臉冷淡，不會理會自己，

甚至不會，與自己有半點眼神接觸，
似陌路人，也更似仇人。

你不明白為甚麼會變成如此，
明明自己由始至終是真的如此重視對方，
但如今對方還是會如此輕易地離開自己，
自己應該要恨嗎，還是自己應該放開，
不要再繼續著緊太多，
不要讓自己為一個已經過去了的人再心痛難受下去；
只要學得懂淡然，只要能夠比對方冷漠，
不再主動關心，不再勉強守候，
總會過去的，
那些快樂親近交心默契關注相伴扶持對望微笑……
總會過去的，
即使昨晚你還是會夢見，
對方仍是與自己如往昔般友好，
會一同大笑一起成長一同走向將來；
即使這晚你還是會夢到，
對方仍是不會再與你說話、對望、微笑，
縱然你向對方放聲大罵，
縱然你哭得心碎，縱然你都力竭筋疲了，

但對方依然無動於衷……

直到你夢醒過來，
臉上尚留著那點被背棄了的痕跡。

直到你夢醒過來，
臉上尚留著那點被背棄了的痕跡。

陌 生 人

有時候，他會對你很好很好，

好得不像普通朋友，

但他不曾向你表示甚麼，

你也不敢向他肯定太多，

彼此就只是想給予對方更深刻的溫柔，

即使打動了對方，也不會過問，

即使以後忘不了，也不會言明；

在不知不覺間，

他成為你的密友、知己，

你感恩、也不捨，

不捨得有天他又會跟自己疏遠，

有天他會從最親近的好友，

變回一個完全無關的陌生人；

因此，你會給予他一切最好的，

例如將自己的時間都留給他，

陪他四處逛、說地談天、

聽他的呼吸、看他的笑臉，

因為你知道，他有一天總是會離去，

縱然此刻，他看著你的雙眼是多麼認真，

但始終，他不會向自己言明太多當中的含義，

也不會解釋，這刻的認真，

只不過是不想為將來的別去留太多內疚⋯⋯

這一個人，

待自己好得不像朋友，

但其實，他也不會是自己的朋友，

有一天，他終會離去，

終會回到他自己的天地，

然後留低自己一個人去想念，

自己一個去為他而想得更多⋯⋯

你其實是早已經預料得到。

但如今，你看著他，

你還是依然展露自己最好的一張笑臉，

你還是希望，將來他會記得你這刻的溫柔。

即使後來，你們還是不會再見，
即使有天你和他在街上偶然重遇，
他的臉上就只餘下陌生的微笑。

即使有天你和他在街上偶然重遇，
他的臉上就只餘下陌生的微笑。

傻 瓜

所謂傻瓜，
是你會一直拿著手機來睡覺，
結果讓自己第二天沒有精神。

所謂傻瓜，
是你會忽然想起對方，
然後會忘了自己原本在想的事情。

所謂傻瓜，
是你會太過想念那一個人，
但是你又不敢讓對方知道太多。

所謂傻瓜，
是你會太在意對方的上線時間，
而忘記了自己浪費了幾多時間。

所謂傻瓜，

是你在太多次得不到對方回應的時候，

還是會相信有天對方會記起自己。

所謂傻瓜，

是你其實已經對對方很好很好，

但你還是會覺得自己不夠好，

是自己有著太多缺點惹對方討厭。

所謂傻瓜，

是你應該要獲得尊重的時候，

還會想自己是否太過任性。

所謂傻瓜，

是你明明知道應該要離開，

而你始終都離開不到，

而你卻不清楚自己想要甚麼。

所謂傻瓜，

是你都忘記了自己也需要被愛，

忘記了，你自己只不過是一個普通的傻瓜。

所謂傻瓜，
是你已經被對方捨棄、背叛、傷害、無視太多，
而你還是會堅持、相信、忠誠、在乎更多。

所謂傻瓜，
是你明明都知道對方身邊已有別人，
而你還是期望自己守在看不見的最佳位置。

所謂傻瓜，
是你知道其實並不值得，
但是你仍然會毫不計較。

所謂傻瓜，
是你已經有很久很久沒有見過對方，
但你還會相信對方當自己是最好的朋友。

所謂傻瓜，
是你其實知道對方已經忘了自己，
但你還是會偶爾將你們的故事再重新重溫一遍又一遍。

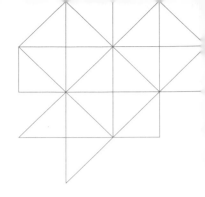

所謂傻瓜，

是你在應該落淚的時候，

還讓自己強顏歡笑。

所謂傻瓜，

是你在需要得到擁抱的時候，

寧願讓自己一個人面對寂寞。

所謂傻瓜，

是你明知道放手會更加好過，

但你卻願意執著下去、傻瓜下去。

所謂傻瓜，

是你在對方終於會回望自己的時候，

也不願去破壞對方此刻的幸福。

所謂傻瓜，

是你其實已經傻了很長很長的時間，

但你這天還是會願意傻下去，

仍是只願為那一個人傻下去……

所謂傻瓜……

是你其實已經很傻很傻，

你卻不覺得自己太傻，你相信這就是愛一個人……

然後某天，

你終於察覺自己真的太傻，

但你還心甘情願繼續當一個傻瓜……

連沒有幸福都不介意。

所謂傻瓜，

是你在應該落淚的時候，

還讓自己強顏歡笑。

想 得 太 多

大概你曾經遇過，
自己喜歡的人並不喜歡自己，
但是對方卻又讓自己想得太多，
與你友好和你親近讓你快樂。

直到有天，對方忽然讓你知道現實，
原來他在最初，
已察覺到你對他的感情，
只是他又害怕，自己不過是想得太多，
亦害怕拒絕你會讓你受傷；
於是惟有裝作平常地繼續和你友好，
見一步、走一步，
然後有天他終於明白了這一切，
知道你對他是想得太多，
因此他決定要跟你說清楚，

以後不要太友好不要太親近不要……

你忍著淚，苦笑搖頭，
回應，其實你才是想得太多吧？
對方聽了，露出一個恍然大悟的表情，
又或是故作放鬆地呼了一口大氣，
也和應你說，是嗎，
原來還是我想得太多，對不起呢……

你繼續忍著淚，繼續與他笑著聊天，
但你心知肚明，
大家都清楚對方是不是真的想得太多，
他其實沒有想得太多，但是他曾經卻想得太多，
然後讓你想得太多，
然後讓你越來越想得到更多……

你也知道，其實他知道這當中的關係，
因為自此之後，你們再不若以前般友好，
你和他也漸漸變得越來越疏離，
他再不會為你做半點事情，
來讓你快樂，或讓你解脫……

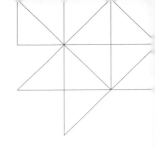

你有點恨他，為甚麼他要對你絕情如此，
彷彿害怕你會繼續纏著他，他未免是想得太多吧？

但……是他真的想得太多嗎？
你心裡嘆息，無奈，不想去想，
不敢再想，讓苦水都留給自己，
不要再讓自己，想得太多；
你這樣想著，如此想著，每天每晚，
然後，又一季，
然後，又一年。

不要再讓自己，想得太多；
你這樣想著，如此想著，每天每晚，
然後，又一季，然後，又一年。

認　識

那天你問，

為甚麼兩個人認識深了，

但關係反而會變得淡了⋯⋯

你不明白這是否定律，

只知道你們的距離，

在哪天開始，一點一點正在拉遠。

在失去了他的笑臉與親近的同時，

你也再看不透他，再不知道，

他對你說的是真話、是敷衍、還是謊言，

是一時拖延、仍在考慮、還是最後審判。

你很怕，這一段你珍惜的情誼，

會從此轉淡轉冷、甚至變成破碎；

為甚麼已經一起走了這麼多日子，

但會忽爾變得疏離、不想再親近，

為甚麼他才認識那一個人不久，
但他已經會太想跟那人靠近更多。

原本你在他心裡的位置，
似乎已經被偷偷替換，
從前你們會一起呆的午後或凌晨，
如今他會有各種理由去忙、去推卻你。
你相信他的理由嗎？
但你心底裡始終會有一絲不安，
讓你笑得勉強、裝得疲累；
你太執著他說話的真假嗎？
但猜度下去你又會越想越亂，
最後連自己的笑臉也開始迷失。
見不到他，找不著他，
你又會開始拿著手機，
一邊看他的最後在線時間，
一邊猜想，他在線是為了回覆誰的短訊，
然後又會比較，從前的這個時候，
他又會跟自己傳短訊嗎？
從前，自己在與他短訊的時候，
他眼裡是否只有自己一個……

越想下去，你會越想回到那個當時，

再重新開始、再做得更好，

只是再奢想更多，

你又會厭惡自己如此卑微，

為甚麼每天要讓自己去偷望、

每夜要一個人太不快樂，

他都不想理會自己，

為甚麼自己還要繼續留戀，

這一個被捨棄的角色⋯⋯

其實，認識深了，關係淡了，

是很平常普通的事情；

每天每月，都會有人在經歷、

煩惱、難過、跨過去，

每夜每秋，都會有人被那誰拋諸腦後、

然後漸漸學懂如何獨自快樂。

如果可以，當然會想與重視的人在一起，

你相信，在一起會有多美⋯⋯

但遺憾的是你所相信的，

並不一定等如對方心裡盼望，

你是知道的，也明瞭當中未必關乎誰對誰錯；
只是你還是未能接受得到，
為甚麼會忽然之間就一切都改變了。

你們難得的情誼，你們共創的回憶，
彷彿對他來說從來都不重要，
彷彿都比不上另一個人，
原來就只有自己在乎，
原來他是想讓你一個人太過認真……

是真的如此嗎？你始終不敢太過認定，
始終還會為他留一點解釋的空間，
期望有天他會再一次回到自己身邊、
一切原來都只是自己胡思亂想得太多……

原來，是自己從來未真正認識這一個人。

每夜每秋，
都會有人被那誰拋諸腦後、
然後漸漸學懂如何獨自快樂。

誰 比 你 重 要

縱然，你們之間沒有太多認定，
也未必曾經親口言明，
但是他在你心目中的地位有多重要，
你是有多麼確定，也難以改變。

即使他未必對你很好，
你們也沒有甚麼太難忘的經歷，
但他這個人，就是在不知不覺間走進你心裡，
然後偶爾在你沒有提防的時候，
輕易搖動你內心的天秤。

你也許試過，因為突然想起他，
而一整個夜深都沉溺在和他的回憶裡；
你或者也試過，
知道他會出現在甚麼地方，
於是匆匆也趕去那個城市，
即使那個地方是有多麼遙遠，

甚至會打亂了原本你要做的事情。

為了他，你可以不計較太多，
計算多了，你也許還會責怪自己，
分得太清楚，你又會想何必如此，
你知道你們之間，
並不是誰付出較多較少的那個層次。

雖然偶爾，
你還是會因為他的一些缺點而暗自抱怨生氣，
或會為他的忽略粗心而有點心灰意倦，
又甚至你曾經氣得想過要不再理會他、
以後都不要再見，
但過了一段時間，當你平靜下來，
你又會原諒對方，說聲算了，
然後繼續如最初一樣，
將對方當成自己生命裡不可分割的一部份。

你會這樣，並不是因為你特別偉大，
也不是你心胸廣闊、真的完全不會介懷，
只是你知道，將來你也許還會認識很多人，

但真正重要的人並不會有太多個，
缺少了一個，就是不會再回來。

就算有時你會因為生活太過忙碌、
有時你會為了太想追到某些理想或名利，
而讓你忘了甚麼才是真正重要，
但你一直去追、去努力向前，
除了是為了你自己，
也是為了有天再見到對方的時候，
可以讓自己無憾地去笑、不會讓對方擔心，
在對方有需要的時候，
可以有更多力量去支持和守護對方。

就只望，他可以活得更快樂、幸福與自由，
就只怕，你們終於站在對方面前，
但還是未能讓對方知道，
誰比你重要。

**只怕，你們站在對方面前，
但還是未能讓對方知道，誰比你重要。**

02
/

沉 浮 之 間

{ 天灰灰與藍月亮的循環 }

只是偶爾，你們還是會有心或無意，
說漏了一句不應該說的話，
輕碰到一點不應該碰的手……

莫名的心痛，沒有讓他知道。

So Close

能夠親近，
不等於能夠一起親下去。
有些人，你越是靠近，
就越察覺到和他的不可能。

不是他有些甚麼地方不符合你的要求，
不是你有甚麼地方不夠好、
不足以讓他對你傾心，
相反，你可能會覺得他其實很適合你，
他也表示很喜歡與你在一起的感覺，
但再適合再投緣，
你甚至他也知道你們是不能夠一起的，
最多就只能偶爾見見面、吃一場晚飯，
最多，就只能夠偶爾發一個短訊給他，
跟他說有一點掛念，

然後又要再補上一句「有空再見面」、
「努力加油」甚至是一個古怪的笑臉符號，
來沖淡或掩飾那一點情愫。

這當中埋藏了多少不能說的糾結，
又有多少只有你們才會懂的默契，
你們是知道的，
有些人，是不能真正親近，
就算看似已經很近很近，
連朋友旁人都會羨慕，
連情人愛侶都會懷疑，
再近下去，再說得更多，
這故事最後只會不歡而散，
如今你們只可以選擇讓它悄然落幕，
讓你們曾經有過的親密逐漸變淡變散……
你們是知道的。

只是偶爾，你們還是會有心或無意，
說漏了一句不應該說的話，
輕碰到一點不應該碰的手……

那晚他在短訊裡跟你說，

每次聽到〈So Close〉這首歌，

都會很自然的想起你；

你看著那個短訊，反覆重播那一首歌，

莫名的心痛，沒有讓他知道。

你莫名的心痛，
沒有讓他知道。

下　潛

累了的時候，
會想消失一陣子。

並不是想完全的消失，
也許其實只是想離開一會，
想暫停一下，
想，不用再想事情，
也不用再說話，
自己一個人，就自己一個靜靜的就好。

即使原因是為了，
某一些著緊的人，某一些上心的事，
即使也許那些人與事都已經與自己無關，
即使有時候，
我們其實是為一些不能再掌握不能再接觸的，

感到心灰意冷，感到，

做甚麼都彷彿沒有意義了；

但我們不想讓別人知道，

不想讓身邊的人太過掛心，

不想努力令自己快樂的對方感到掃興，

不想，最後也令別人一併心灰意冷……

於是，我們會選擇讓自己暫時消失，

不接聽電話，不理會短訊，

打開臉書，也只是默默的看，

在 status 寫了些甚麼，下一秒又會將它刪掉，

將那些或許不值一提的情緒，

繼續埋藏，繼續下潛，

潛到不需要開口呼吸的地方。

相信，就算只有自己一個人，

也總會慢慢好起來的，

相信，就算自己一個人過活，

也不是不可以的，日子還是會這樣過的……

反正，都已經一個人了這麼多日子，

一個人上街，一個人吃飯，

一個人聽歌，一個人微笑，

彷彿自己從來沒有在誰的生命裡消失過，

彷彿從來沒有誰曾經願意為自己在乎過……

請記得，

當有天會這樣想的時候，

你是真的已經消失得太久太久，

久得即使有天我們偶然相對，

彼此也不懂得再自然呼吸；

然後我或許會錯以為，

你變了，已經不再需要我，

不用再將你從深海裡拉回來，

然後你或許會錯以為，

我們已經生疏了，我們的關係，

已經不可再變回從前那樣。

然後，你再一次消失，

我再一次由得你下潛，

直到有天，

我們都不再記得對方的笑臉，

直到哪天，我們碰面也不會再點頭相認，

有誰消失過嗎，有誰重要過嗎，

我們都會裝作，不再重要。

有誰消失過嗎，

有誰重要過嗎，

我們都會裝作，不再重要。

不　要

真的，不要再這樣子了……

不要再為他這個人，如此下去。

不要再為他的若即若離，靜候太多。

不要再為他的自相矛盾，思考太多。

不要再為他的不解溫柔，苦笑太多。

不要再為他的差劣對待，流淚太多。

不要再為他的蠢鈍愚笨，生氣太多。

不要再為他的後知後覺，解釋太多。

不要再為他的虛假承諾，相信太多。

不要再為他的甜言蜜語，沉溺太多。

不要再為他的浪蕩任性，縱容太多。

不要再為他的朝三暮四，失落太多。

不要再為他的傳言緋聞，迷思太多。

不要再為他的親朋密友，嫉妒太多。

不要再為他的一點關心，奉獻太多。

不要再為他的心血來潮，牽動太多。

不要再為他的經常失蹤，擔心太多。

不要再為他的偶爾來電，興奮太多。

不要再為他的無故失約，傷心太多。

不要再為他的背叛過失，原諒太多。

不要再為他的不知悔改，無視太多。

不要再為他的種種傷害，承受太多。

不要再為他的自私無情，怨恨太多。

不要再為他的新歡舊愛，憤怒太多。

不要再為他的飄然遠去，傷痛太多。

不要再為他的每年生日，思念太多。

不要再為他的疑似身影，忐忑太多。

不要再為他的種種回憶，茫然太多。

不要再為他的一切一切，執迷太多……

真的，不要再這樣子了……

不要再為他這個人，如此下去。

不要再為他這天重新找你，繼續下去……

不要在他又把你重新支配的時候，

才想起我這位已久沒聯絡的好友。

不要在他又把你重新支配時，才想起我。

不 能 相 愛 的 一 對

其實你早已知道，

一直待在你身旁的他，

並不是最喜歡你。

他心裡，不單只有著你的存在，

只是你不會特意點破，

不會去阻止或抱怨，他想念別人，

或是他在你們見面的時候去回覆別人的短訊。

可能他本身也明白，你對他有著多少喜歡，

你已經喜歡了他多久多久；

只是你從不會向他要求得到半點位置，

從不會對他有半點任性，

不會去勉強他去對你的心意，

給一個回覆，或一個認可，

你就只是一直讓自己飾演最好的朋友，

去伴著他，支持他，鼓勵他，相信他，

幾乎就把他當成是你的偶像，

每日每月，不離不棄，

去崇拜，或仰望。

偶爾你會得到他的稱讚，

把你當成最親密的知己好友，

但你從他的目光中卻可以猜到，

也許他只是想藉此去回報，

你的大方與成熟，你的堅忍和付出……

也許他是希望留住你這一個難得的知心好友，

因為你是如此偉大，

不會像別人那般，總是要勉強他去抉擇，

或時常要和誰與誰去比較排名，

你也不會在他煩惱的時候，

任性抱怨幼稚流淚，

就只會默默的給予安慰，

或是替他笑笑的將話題帶過，

不會讓他有太多難堪尷尬，

不會讓他失去你們這段難得的關係……

但其實，

你是有多不想再繼續飾演這一個角色，

你是不想自己的情深，

只可以換來他的這一種稱讚，

偶爾你也想任性，也想不要再裝成熟，

也想在他的臉前落淚，也想得到他的安慰，

認可、還有回應……

只是，你太清楚，

他的心裡有著另一個人，

那一個人，縱然他們沒有在一起，

縱然他們都已經再沒有交集，

但你太清楚知道，

他心裡的那一個人，

一定不會允許他對你有半點越界，

不會讓你終於可以如願，

和他在一起，和他牽手到最後……

其實你早已知道，

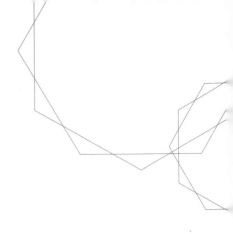

一直待在你身旁的他，

並不是最喜歡你。

你太清楚這個事實，

而他也是早已經清楚明瞭，

你和他是不可能會去刻意揭穿；

於是，你們就如此繼續假裝下去，

假裝喜歡你的偉大，

假裝不求他的回報，

繼續去做彼此的絕世好友，

做不會相愛的一對……

縱然你是並不情願，

但你還是選擇讓自己笑著唏噓。

於是，你們就如此繼續假裝下去……

不 會 哭

偶爾，你也想哭，
只是，你不可以。

哭了，雙眼會變紅，
不能再假裝快樂，
怕朋友會擔心，怕敵人會嘲笑；
就算在家裡，
也怕哭聲會讓家人聽見，
你寧願不去哭，甚至不要傷心，
也不要他們會問，發生了甚麼事，
怕他們問了一些你其實不願提的，
怕他們以為或錯覺，
自己還長不大、還愛傷春悲秋，
你也不想再得到太多於事無補的安慰，
不想自己的淚水被有心人誤解更多，

也不想，被別人揭穿了，

其實自己並沒有流淚的資格——

你的淚，就算因誰而起，

就算他彷彿聽到背後的啜泣，

就算他留意到那雙勉強在笑的紅眼睛⋯⋯

但最後，他也不會關心或過問一句，

就似你的眼淚，你的苦楚，

是不應該不值得、沒資格沒道理為他而流，

你再哭再傷，

他還是會與另一個人快樂笑下去，

你再苦再累，

也還是沒有權利去問他太多、

再打擾他多一秒鐘⋯⋯

既然如此，你只好讓自己不要再哭，

好配合他想要的快樂和諧，

好襯托，他與別人的幸福美滿；

即使你偶爾很想哭，想狠狠心痛一遍，

但你都太習慣，不能哭的生活，

不懂流淚的自己，

想哭，不如先去笑吧，

想找他，不如先做其他事情，

就似，自己沒有甚麼事情該值得傷心，

就如，你和他從來都沒有過半點牽絆……

這是大家都最想見到的結局。

然而，有時候，

你還是會為自己仍被他如此影響或支配，

而暗暗吸氣，或默默嘆息……

那點淚，就等某天看遠方落霞時，

隨微風悄然揮發，不要再留下，

半點痕跡。

那點淚，就等某天看遠方落霞時，
隨微風悄然揮發，
不要再留下，半點痕跡。

不 經 不 覺

與其說，

在不經不覺間他變了很多，

變得這天你們只會互相冷言嗟怨、

甚至不相往還，

不如說，你們其實是沒有正視面對彼此，

不是不經不覺，你只是讓自己裝作不察覺罷了。

你其實不是察覺不到，

這些日子以來他對你如何逐漸冷淡。

他說他仍然會尊重你的感受，

但每次你需要他的時候，

你不是找不到他、就是他表現得不想說話。

他說他不想跟你吵，才會不讓你找，

可你就是因為他的一再逃避，

或是看見他寧願討好別人也不回應自己，

你才會變得這麼憤慨；
而他還是一再拖延躲避，
盼等你自己累到也不想說話，
他就可以不用再理會你的問題。

可問題仍然存在著，
壓在心裡會令自己更累更難過，
於是你開始嘗試叫自己看開一些、包容多點，
用他的其他優點來遮蓋他的忽略與自私，
將自己的需要還有想說的問題都去淡忘、淡化；
卻忘了，一段關係是需要兩個人互相正視與溝通，
就算過程會有誤會、不解與懷疑，
但起碼需要大家都有心去關心了解對方、尋求共識，
彼此才能更加同步、
這段關係才能夠好好的走下去。

總是單方面的去付出、犧牲、等待、
甚至叫自己心胸廣闊一些去看開或學會放下，
那不過是將問題繼續拖延，
或是令情況變得更加惡劣，
因為你的感受與意願他是始終不會明白，

要不，就是你終於修成聖人般的無比胸襟與智慧，

可以完全遷就及縱容他的不懂與不對，

要不，就是你漸漸也學會了忽視、善忘與自私，

將你們之間的問題忽視，

忘卻你自己以前堅持的理想、道德與信念，

甚至學會變成一個跟他一樣自私的人，

對別人的遭遇與感受都變得不再關心，

只希望自己想得到的可以如願就好……

然而，我們通常沒法做得到聖人，

一個人的一廂情願又可會總是如願以償？

到最後，你和他越走越遠，

他已經變做另一個你不明白、也難以在一起的人，

即使你可能已經忘了理智、

明知早已殊途但還是只求能夠繼續一起，

可是你需要他不等於他也需要你，

他早已經變了，就算曾經再親切再有緣，

也都是以前的事。

最後他把你遺棄，

你怨他在不經不覺間變了這許多，

竟然捨得將你們的牽絆與理想割斷，
卻忘了，這些轉變其實並非一朝一夕，
你不是不察覺，你只是讓自己不去開口，
盼退一步會海闊天空，直到最後退無可退，
你才想起，其實最初是不應該就此算了。

盼退一步會海闊天空，
直到最後退無可退……

太 重 視

也許你是非常重視他，
重視得，連他自己都沒有察覺。
每次他打電話給你，
你都會放低所有事情去接聽，
每次他約你見面，
你都會為他推掉別人的約；
他沒有找你的時候，
你會時常留心他的臉書微博甚至 whatsapp，
你又會不時更新自己的近況，
盼他會看得見。

他留給你的一句普通說話，
總是可以讓你思考良久，
有多少次你都取笑自己想得太多，
但下一次你還是會不由自主沉迷下去；
他看著你的每一抹微笑，
你都記得十分清楚，

即使有時你知道他沒有特別的意思，

有時也明白、他只不過是應酬或敷衍自己，

但你還是想要牢牢的記住，

讓將來見不到他的時候，

能夠再回味當時候的甜，

來中和見不到的痛……

其實他都不知道，

每一次他突然的出現，

都會嚴重打亂你生活的平衡，

然後，當你稍微適應的時候，

他卻突然離開、甚至不辭而別，

原本高漲的情緒突然被逼硬生生的平復，

那落差那對比，令你無所適從，

有多少次讓你哭笑不得，

多少次清晨醒來，

讓你感到厭倦、或透不過氣。

然後，在你捱過他忽然離開的那個星期，

你學著適應不會再每天收到他的短訊、問好和關心，

但一天天過去，

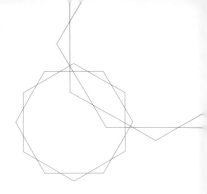

你發現自己對他的思念並未淡卻，

你每次回想起他的笑容，

然後你總會換到更多的苦澀，

你看回他每一個舊訊息，

然後你要用更多的時間來遺忘，

去平復那一道，其實尚未結疤的創口。

直到有一天，你終於可以放開一點，

你選擇用自己的方式，在他不會發現自己的角度，

去默默的、偷偷的繼續關注他、思念他，

不要再打擾他，也不要再被他傷害；

但那時候，他卻又想起你了，

給你一個短訊或電話，跟你問好……

然後，你會醒覺不要再陷進這個迴圈，

又或是，你又會拋低了所有事情，

去迎接他的回來，

不敢要他解釋或過問當日他的離開，

不會要他表明或肯定如今為何回來，

寧願只去追求他所給你的那一點點甜，

讓自己來日一個人憶記的時候，

可以換來下一次的澀……

也許你是非常重視他，
重視得連你自己都沒有察覺，
如此下去，只會讓自己留下更多瘡疤，
你是始終都不會得到他真正的重視……
真正的互相重視，
是不需要單方面的太多遷就迎合，
是需要兩個人正視對方的雙眼與真心，
不能總是逃避，不能輕易放棄。
只是，你選擇藏起自己的思想、感受與情緒，
掩飾或改變你真正的自己，
不求他的回望，只為配合他的所有期望……

其實，你只是縱容他繼續傷害你更多，
不論他是有意或是無心，
但那幫兇，卻是你自己。

你只是縱容他繼續傷害你更多，
但那幫兇，卻是你自己。

心 淡

所謂心淡，
從來都不是一朝半夕的事情。

當你還在看著別人，
在與你說話的時候一直看著手機，
當你仍與對方上街，
但對方開始有意無意地遠離自己；
當你發過太多沒得到回覆的短訊，
可是你昨晚還是會繼續失眠，
當你察覺有天彼此已經無話可說了，
又或者是那些話題總是圍繞另一個人；
當你試過為對方做了很多事情，
最後還是得不到對方的太多關注，
當你發現對方並非對自己真心，
但這天繼續哄騙或欺瞞自己；

當你的自尊已經被磨得很淡很淡，
但對方仍是會一再對你傷害或無視，
當……

所謂心淡，
從來都不是一個人的事情。
沒有對方配合，
你不會心淡太多；
沒有自己的不忿氣，
你不會仍然心淡下去。
或者你曾試過，讓自己平靜，
不要想不要哭不要亂不要等，
不要再看手機的最後上線時間，
不要再對電話鈴聲有太多敏感；
但平靜了一陣子，你回復力氣，
你又會開始關心，對方這天過得如何，
然後你找回對方，然後選擇權又重回對方手裡。

偶爾對方也會因為你的離開，
而對你刻意著緊關心多一些，
但之後又會故態復萌，之後你又會再開始心淡。

你們又會繼續有時糾纏有時分開，

繼續重複循環下去，

即使你相信，就算是進兩步再退一步，

始終還是在向著目標前進，

只是很多時候我們自己也不能肯定，

目標是離開他，還是要跟對方一起，

甚至只是想，對方會回望自己一眼……

你也許還相信，就算如此循環重複，

終有天心會真正淡下來，

一點一點讓熱度退減，

有天自己會真正適應，終於會習慣，

失去對方；

但心淡是一回事，

難堪、傷心、不忿、寂寞是另一回事，

一天天讓你心淡的同時，

也可以讓你累積更多不忿，

最後，有天其實你們已再無關連，

你自由了，終於可以離開他的世界，

但是，你總是覺得不自在，

覺得像是失去了甚麼、欠缺了一些感覺，

即使你知道自己不必再每天等對方電話，
即使你已經不會再傳太多沒回應的短訊，
但……離開了沒有更自由，
如今還是會想，
對方會再次理會自己，
會關心自己，會重新一次，
面對自己……

即使你沒有讓對方知道，
即使曾聽過太多，
苦沖開了便淡……
但淡了，關係也淡了，
忘不掉的還是忘不掉，
仍記得的，卻始終都會太清楚。

忘不掉的還是忘不掉，
仍記得的，卻始終都會太清楚。

示 弱

有時你示弱，
目的只不過希望得到對方的支持或安慰。
但有些人就是連一句安慰也不願意給，
甚至還會反問、為甚麼你不再像從前般堅強。

最初你或許會不忿氣，
會好想跟對方說，自己也不過是一個人，
也會有難過、痛苦、無助的時候，
你是一直一個人撐到這一步，
而現在自己只不過是希望得到、
自己喜歡的人所表示的一聲鼓勵而已……

但是你沒有開口這樣向對方控訴，
又也許對方都沒有給你機會、已經轉身離去，
你將委屈埋藏在心裡，

不再讓自己說一句軟弱的話，

不再讓自己的眼光流露疲意，

不再要求擁抱，也不再要求交心，

你彷彿再次變得堅強，

變回他口中所說的、從前那個堅強的自己；

只是他不會知道、

你的堅強展現在他一再冷落自己的時候，

只是你其實知道、

你的堅強不過是逞強，

縱使你有時能變做了鋼鐵……

但你始終不過是個人。

你 的 堅 強 不 過 是 逞 強 ，
縱 使 你 有 時 能 變 做 了 鋼 鐵 ……

再 等

已經不是第一次，
但你還是讓自己一再等下去。
明知道，再等下去也是沒有結果，
自己只會更委屈更難受。

有多少次，你也曾自問，
為甚麼要這麼笨，
為甚麼這段關係會變得這麼複雜，
想見一面也要煩惱太多，
說一句真心話也會推敲計算；
為甚麼只望得到回應也要躡手躡腳，
為甚麼喜歡一個人反而會變得如此困倦……

你一邊等，也一邊怕，
怕自己曾經做錯了甚麼、

才讓如今這段關係無可挽回，

怕是自己一個人過份執迷、

其實對方根本不會在乎這份感情，

怕從一開始已經選錯了對象、

再等下去也只會無疾而終，

怕如果就此放手、

失了目標再沒有寄託⋯⋯

不想怕下去，有些人會選擇，

叫自己再一心一意繼續去等、不要想得太多，

只需要有一個模糊的目標或遠景，

就已經足夠，

嘗試透過麻木的等待去遮掩或忽視、

那些最終不會得到不可實現的懼怕，

你寧願習慣去等，

那些沒有回覆的短訊、

哪天他終於回頭望向自己、

那一個真正與你交心及相守的人、

那一個快樂及自信的自己可以笑著回來⋯⋯

卻忘了，有些事情是必須要自己主動爭取，

不能夠一直空等奇蹟降臨，例如快樂與幸福；

有些人，卻並不是自己必須要無條件去等待，

尤其是一個會讓你繼續空等的人，

你會怕，是因為你知道自己會更加不快樂，

這一個人是不應該再等下去；

但你說不想放棄、要繼續等下去，

但那些不安恐懼也不會就此消失，

並繼續一點一點飼養壯闊內心那空虛黑洞，

把生活裡應該要記住珍惜的光明與笑臉，

都侵蝕消磨……

到最後你的麻木，還是掩飾不了你的不安，

要再等下去嗎，還是不如早一點暫停，

喜歡一個人也許是不能自控，

但要苦苦的等還是要笑著念掛，

卻是一念之間。

但要苦苦的等還是要笑著念掛，
卻是一念之間。

那 一 句 對 不 起

當關係發展到似暗未明，

自己會好想知道或肯定某些狀況或真相；

你最不希望聽到「對不起」這三個字，

但偏偏，這是最常會出現對方口中的答案。

最初會不明白，為甚麼對方不願解釋更多，

就算真相再難堪再殘酷也好，

你都早已有過一點心理準備去接受，

但對方卻只留下這一個近乎虛無的回答，

對不起，為甚麼要對不起，

你有對不起過我嗎？你做了甚麼要感到抱歉？

還是我做了些甚麼讓你覺得對不起？

還是，這其實只不過是一句敷衍了事，

對不起，抱歉，Sorry，

不一樣的文字，但一樣的意思，

但對方始終就只有這一個答案，

即使你已經做過許多許多，希望對方會珍惜，

而你並不是只求得到這樣的回應；

但你又會想，如果對方毫不在意的話，

其實大可以連這一句對不起也不說出口，

那麼，這是他能力以內所能表達的最後挽留嗎？

而你又應該接受嗎，還是……

應該堅持追求原本想要知道的答案？

但看著這一句意味不明的道歉，

你彷彿感受得到對方的無奈，

還有一點莫名的難堪，

想得更多，想得太多……

最後，你沒有找到真正的答案，

只是這一句對不起，

卻讓這段關係延續了多一天，

又多一天。

對不起，也許並不是一種挽留，

而是一個讓自己留下的藉口而已。

對不起，也許並不是一種挽留，

而是一個讓自己留下的藉口而已。

如果只能說對不起

有些事，有些感情，
其實你並不是不明瞭。

那朋友以外的溫柔，
那猶如親人的關心，
那體貼，那靠近，那目光，
誰值得擁有如此對待，
誰又有權利讓它繼續浪費；
是應該要儘快回應的，
是應該要抉擇、驗證、反省，
自己其實想怎麼樣，
自己與對方是否也一樣，
想將對方擁抱入懷……

然後，你也許發現，

自己沒有對方的認真，
自己不如對方那麼想要確定，
你們之間的關係與感情——
也許你跟著又會明白到，
原來你是從來都沒有準備去接受，
對方那不容輕侮的溫柔與情感。

但如今，對方已經認真至此，
但如今，你才明白到這事實，
你看著對方的臉，由原本在微笑，
漸漸變成淡然、平靜，
沒有哭，但你卻似是感應得到，
這一個人如今是有多麼不快樂，
那不快樂的原因在於誰，
對方只是想要誰會珍惜自己多一點……
而你此刻卻感到無能為力，
是裝作沒事、繼續跟對方說笑聊天嗎，
但你尚欠著對方一個答案，
一個為你們這些日子以來的親密、
為對方曾有過的那點認真，
所應該作出的一個決定……

對不起，這三個字，

說得更多，能承載多少歉意嗎，

換了言語，又能代表幾多愧疚，

是否可以改寫這份曖昧到盡頭的關係，

是否可以讓對方尋回安慰、自尊與笑臉……

你其實並不知道能不能夠、可不可以，

但當去到那一個田地，

你卻只能夠以這三個字，

來表達你的感謝、感激、抱歉、內疚、

你的無能為力、

以及你對這份認真感到無言以對的心情。

又或許，當一個人對自己是如此認真、

為自己付出到這個地步，

對方是多麼希望得到那一個答案，

而你是知道自己不會也不可以隨便給予的，

那麼其他不標準的回答，

可能只會讓對方受傷、難堪、討厭、煩惱，

甚至是變得更加留戀……

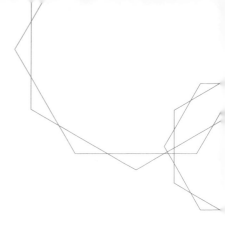

其實來到這境地，

可能已經沒有甚麼話可以再說，

其實最後我們都應該只能無言以對……

但你不想這樣，不想曾經親密的兩個人，

以後一直無言而對、從此不聞不問，

就算碰到，也會裝作不認識，

就算想念，也不可以再聯繫；

那麼，還應該說些甚麼……

對不起，

我如今只能說這三個字，

對不起……

如今終於有點明白，

當日某誰為甚麼只懂得對自己說，對不起。

如今終於有點明白，
當日某誰為甚麼只懂得對自己說，對不起。

冷 了

天冷了，
可又會讓你，想起誰。
以前，天氣冷了，
對你和他來說，
與其說是氣溫的轉變，
不如說，這是節日的提早來臨。

這世界跟平時其實沒有分別，
但一點微小的事情，
都可以為兩個人之間帶來絲絲暖意；
例如一個問暖的短訊，
例如肩膊輕輕的靠近，
縱簡單，但卻會令你窩心，
即使並不實在，但只是那一點的接觸，
彷彿可為你帶來對方的溫暖，
彷彿讓你能夠印證到，
彼此想靠近的心情。

是因為風裡透著涼意，

才會容易察覺到對方內心的熾熱，

才會知道原來兩顆心是能夠靠得多近；

還是，那些溫暖，

是有著對方陪自己一同經歷，

因此才變得如此深刻難忘、再也放不低……

你們一同飲過同一杯熱飲，

也一同嚐過冷風裡的雪糕，

海岸邊的風聲，秋葉落的氣味，

對望間的笑意，手心裡的溫暖，

即使將來天氣再冷，

即使彼此不在對方身邊，

但你知道，這些回憶與溫暖，

都會在你往後的生命裡繼續伸延……

然後，來到這夜，

天又冷了，風再起了，

你依然會想起，

曾經和你有過那些溫暖的那一個人；

就算是，你們如今已經不再接近，

就算，你都不能再感受得到他的溫暖……

無論你再如何添衣、

再喝著以前一同嚐過的那杯熱飲，

也重溫不了當時的感覺，

呼出來的空氣，還是藏著一點點的冷，

回憶裡的對方，還是隔著了太多空隙；

即使你只不過想像從前一樣，

發一個短訊過去提醒對方，

天冷了，要記得穿多一點衣服，

要記得，小心身體⋯⋯

但這個短訊，最後你怎麼也發不出去；

是因為你知道，這天應該會有另一個人，

代替自己去發這一個短訊，

還是你其實真正想說⋯⋯

變冷了的，並不是天氣，

而是我們這一段，曾經熱燙的感情。

變冷了的，並不是天氣，
而是我們這一段，曾經熱燙的感情。

刪去

那夜，對著手機，
你看著他的臉書、他的通訊錄，
想跟他說些甚麼，
但最後你還是選擇放棄。

為甚麼會這樣，
以前你們會無所不談，
就算夜了累了，想聊些甚麼，
隨便發一個短訊，
或撥一個電話，也總會得到他的回應。
現在卻似陌生人，
電話不會再談，短訊不會再傳，
在群組裡見到對方說話，
也會寧願裝作不在、不想留言。

你以前以為你們不會這樣的，

曾許願、還相信會友誼永固，
不可能會出現隔膜、誤會、不和或是爭吵——
現在你們或許只能做到不會爭吵，
但是口和心不和，似乎已不能避免，
而你們卻又似有這一份默契，
已經來到極限，再勉強下去也只會大吵告終。

其實你是不想跟他有任何誤會，
就算要不和，也寧願好好將話說出來，
都好過如今甚麼都不清不楚，
不能剖白，也不能互相理解，
而只能眼睜睜看著這點情誼轉淡。

即使你明白，想要互相了解，
坦誠溝通是最先決的關鍵，
你也不是沒有試過，
面對面、撥電話、傳短訊、發電郵，
從直接到遙遠、由片言到千字，
但每一次都像是不能得到他的理解，
越說下去，越覺碰壁，
不是不回應你，就是換到冷嘲熱諷。

漸漸你會失去信心，

不懂分辨他的說話到底是玩笑、還是認真，

是暗藏著不滿，還是想借題發揮；

你最能肯定的是，他越來越少去回答你，

你再傻也能會意，他是不想再親近自己。

可是事已至此，

你還是不能明白自己做錯了甚麼、

應該做些甚麼去補救；

你會想，又不是自己做錯，

為甚麼要每天問自己做錯甚麼，

然後又會想，自己也許真的做錯了嗎，

嚴重得他不讓你去挽回？

然後如此重複循環，

你會開始對這樣的自己感到無力，

也為他不給你解釋機會而失望。

每次你偶然在聚會裡遇見他，

他都不會正面望你一眼，

漸漸你也學會如何逃避他對你的拒絕，

甚至比他早一步不去迎視他的正面，

就當是裝作沒有他的存在，

裝作感應不到他對你的不忿與無奈；
你開始變得跟他一樣了，
可以冷然地讓原本應該友誼永固的摯友，
變成再不相往還的陌生人。

即使你們在臉書裡，仍是一般的朋友，
偶然還會讚好對方，但也是僅止於此。
就算那天你突然想念他，
有些可惜有些感慨，
你想在自己的臉書說些甚麼，
只是打完了，你又怕他會不會仍然在意，
即使你們明明已經再無關係……

但最後，你還是把一切都刪去，
彷彿再沒有值得記念的說話，
彷彿從沒有半點曾經。

但最後，你還是把一切都刪去，
彷彿從沒有半點曾經。

忘記他，忘掉你

也許你有多想，有天醒來了，
那些記憶與心碎都統統抹走，
沒有與誰在那路上偶遇過，
再沒有太多不明不白、太多藕斷絲連，
再不會有那些永遠實現不到的約定，
不再有睡不入眠的凌晨⋯⋯

然而，想要淡忘想要放下，
並不是一眨眼就可以做得到，
因為你是曾經認真地投放過感情，
你將關於他的一切刻進你的生命裡，
不論你喜不喜歡，也不管你是否察覺，
原來他的笑容聲線他的冷漠決絕，
早已經深深種植你心坎深處；
你著急的想捨掉，
但要將最深的片段都翻挖出來，
要需要幾多心力、刮開多少創口，

然後，到你翻出來了，

你又要再接受是否捨得的考驗。

有多少人始終不捨，

但又無法再將這段記憶重新掩埋，

結果一直繼續淌血、遲遲都未能復原；

有些人，狠心割捨了，

但其實是否真的能夠忘記得到，

卻是當事人自己都不能太肯定，

就只知道，在割捨之後，

自己一部份的生命也彷彿消逝了，

有人會從此不懂得再去認真，

有人會說失去愛人的能力，

但當中又有多少自欺多少苦澀……

從前，你喜歡一個人，

會心急地想將一切最好的都送給對方，

你會心急想見到對方的臉，

想時常聽到對方的聲音，

想儘快收到對方的短訊回覆……

這種節奏，在他離開以後，

仍然流傳在你的心跳裡，

當每次想起，都會為你帶來一種牽動，
想立即見他、找他、傳他短訊、回到最初……

然而，他已經走了，
你知道自己再心急，也是沒有意義，
因為他都不會再回應自己的感情；
既然如此，那麼自己就配合他，
讓自己儘快跟他一樣，
學懂乾脆、冷漠、自私、決絕，
不要再喜歡，不要再想念，
不要再苦再痛，
不要再輸、不要再被他離得更遠……

然後，又再重複越忘記越記得的路，
然後，那誰始終未能忘記，
也未能記起，本來快樂的自己。

然後，那誰始終未能忘記，
也未能記起，本來快樂的自己。

我 知 道
你 我 都 沒 有 錯

有些人，
心裡只會有一個喜歡的人。
但有些人，心裡喜歡的對象，
卻原來不會只得一個。

喜歡一個人，有時會分先後，
可能你喜歡他的時候，
他早已經在喜歡著另一個人；
如果你早知道這情況，
你也許不會讓自己陷在其中，
你會跟他保持距離，
默默的、淡淡的與他交好，
就算有多欣賞對方，
也不會對他有太多在意甚至在乎。

然而，這是理想的做法，

有些時候，你不是在最初就已經知道，

對方原來心有所屬，

通常你是在自己開始在意、

開始留神他的事情的時候，

你才會隱約察覺到的；

又有時，其實對方都不明瞭自己心裡所向，

即使你親自問他、有沒有喜歡的人，

他都未必會意會得到，

自己真正最喜歡的是誰，

他答說沒有，也許只是他不肯定罷了⋯⋯

或者你其實也感覺到他的不肯定，

但你會寧願相信或自欺、

現在他沒有一個十分喜歡的人，

寧願給自己一個藉口或機會、

嘗試去追去爭取，

但願自己有天可以變成了，

他心裡面最喜歡的那一個人。

然而，我們有時爭取得到，

但有更多時候，

我們原來在一開始就已經輸了，

有時，我們是因為太努力，

想去讓對方喜歡自己，

才讓對方有機會去比較、分辨或察覺，

自己心裡真正喜歡的原來是哪一個人……

有時，你最後也得到對方的尊重、

珍惜與感謝，

但始終，他心裡面有更喜歡的人，

他有更需要去尊重和珍惜的感情、

責任、甚至承諾，

你知道的，你是十分清楚，

最後他沒有選擇自己，其實他並沒有錯；

你喜歡他，也不是你錯了，

或許他也會感謝你對他的認真，

只是，最後他只能跟一個人在一起，

不能再不明不白，不可再曖昧下去，

這是他對你所能給予的最大尊重，

也是真正珍惜愛護你這朋友的最好方式……

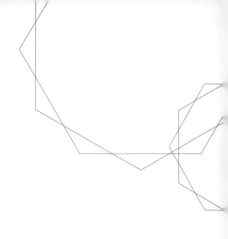

你知道的，其實你們都沒有錯，
只是忘了怎麼退後……

只是如今你必須獨自退後的時候，
還是會有多麼可惜和心痛。

你知道的，其實你們都沒有錯，
只是忘了怎麼退後。

沒事了

偶爾，

你可以裝作若無其事，

彷彿可以裝到，自己完全再沒有感覺。

就算他如何粗心大意、後知後覺，

就算他把你的承諾與約定都忘掉，

就算他一再讓你不安或生氣、

然後又忽略了你的生氣和不安，

你都可以不去提、不去問，

跟自己說，是他一時忘了吧，

跟別人說，是自己沒有告訴他吧；

每一個人都總有缺憾，

都總有疏忽善忘的時候，

你知道，不能只是一直看著他的不是，

讓自己錯過難得相聚的時間，

讓自己甚至對方變得更不快樂。

所以，他一再沒有與你見面，

你也會裝作若無其事，

所以，他一再做了一些令你不快樂的事情，

你也會繼續裝作若無其事……

因為，你試過，

不再裝作若無其事，

嘗試在他面前表現你的不快、不安、不滿或不忿，

但他卻認為你在假裝可憐、博取同情，

然後有更多的理由來教訓或無視你；

既然要表現真正的自己來讓自己無奈或難堪，

那不如，自己先去表現若無其事，

不讓自己的真正感受變成被討厭或疏遠的藉口……

然而，漸漸，

你表現過太多次若無其事，

你開始知道，

其實他知道你是在假裝，

其實他知道你會因為他的不對，

而有著哪些感受、承受幾多傷害，

但他看著你的若無其事，

就只會表現得若無其事，

繼續如平常找回你、或不理你；

你們不可能會有半點爭拗，

但你們彷彿在比賽誰的若無其事、
能夠做得更自然更不在乎……
而最後無論誰贏了，
都只會讓你想起，
對方寧願裝作不了解不知道，
都不願去面對自己的感受；
寧願用一點沉默的冷空氣，
來避開討論彼此之間的問題。
但你知道，再裝作若無其事下去，
並非真的可以再沒有問題；
你們之間種下更多的冷空氣，
終有天，也會變成一道冰牆……

到時候，也許你的若無其事，
可以表現得比現在更純熟自然；
只是這道冰牆，這個問題，
你們未必懂得再解，未必可以再逃開。

你們彷彿在比賽誰的若無其事。

那 些 未 能 說 的 坦 白

不能坦白，

是因為他一直都不願意去聽，

你那些不值一提的感受，

和太多自尋煩惱……

不能坦白，

是因為你一直埋藏了太多想法，

也積累了連你自己負荷不到的情緒，

你不知道該向別人傾訴……

不能坦白，

是因為你曾經被文字背棄，

你所說的不能完美表達你的思想，

然後讓彼此誤會，然後你放棄再說……

不能坦白，

是因為在那一天，

你最珍惜的人跟你說，

有甚麼難受，有甚麼煩惱，

都儘管坦白告訴他……

你終於遇到一個，

願意與你真心交往的人，

你心裡激動，也感激遇上這一個人，

只是有些心情有些秘密，

你是始終不能向他坦白，

你怕說了，如今這點奇蹟會就此完結，

你怕完了，以後你們就不會如此坦白……

不能坦白，

是因為哪天，

你們終於由曾經的知心，

漸漸錯開成不說話的一對；

或許你會偶爾後悔，

為甚麼當時自己沒有坦白，

或許，他已經不想再理會你的遺憾、

即使如今你願意對他坦白更多……
就好似，為甚麼你始終不敢對他坦白，
為甚麼他最後都不能明白，
你對他的欲言又止。

為甚麼他最後都不能明白，
你對他的欲言又止。

是 你 變 了

是甚麼時候，

是發生了甚麼，

為甚麼本來與自己一起的人，

可以在忽然之間，變得不再喜歡自己……

明明，昨天還有見面，

明明，晚上還聽到他的晚安，

依然那麼輕柔，依然可讓你安心；

但這天，他卻冷淡的跟你說，

不再喜歡你，不想再繼續一起。

最初，你還在想對方是否開玩笑，

最初，你還會替對方想藉口，

一定是他做了對不起自己的事情，

只要自己最終願意去原諒他，

那麼，他還是會繼續在自己的身邊⋯⋯

但這刻，他是那麼認真、甚至絕情，
再沒有更多貼心或溫暖的話，
再沒有半點為了讓你高興而刻意的輕鬆和幽默，
他如今就只想你知道，
不要再這樣下去了，
不要再，勉強一起⋯⋯

是為了甚麼，會覺得勉強，
是怎麼，他變了。
你努力回想、再回想，
昨天，他的臉上還在笑的，
上星期，他還說過是最喜歡你的，
之前他還計劃，
下次長假期要一起去哪兒旅行，
之前他說過，不會變的⋯⋯

只是這天，他是真的變了，
只不過，這天的冷跟昨天的暖相比，
那嚴重的反差，讓你幾乎透不過氣，

也開始禁不住亂想，

昨天、前天、上星期、上一個月，

其實他是不是已經不喜歡自己了。

他是一直在假裝嗎，只是為了配合自己吧，

只是不忍心，在可憐自己吧⋯⋯

即使他的笑臉沒有破綻，

即使他還會讓你安心的依靠，

但一個人的心是不是已經變了，

從外表和行為是可以讓人看不出半點端倪。

而最令人難過的，

這一個人是你認定最兩心相印的人，

這一個人，你以為自己已經十分了解他、懂他，

再沒有一位親朋可以比你更明白他的靈魂，

你是如此著緊在乎珍惜他的一切，

但偏偏，他在你如此的注視之下，

還是在你不可察覺到的世界裡，

偷偷的，變了⋯⋯

又或者，他是這天才變心，

才變得如此冷漠絕情，

然後他將彼此之間有過的溫馨快樂，

一次過捨棄不顧，彷彿沒有太多價值，

彷彿，已經不再重要，

就只想要離開自己、找回屬於他的自由。

這樣的解釋，又可會令你好過一點嗎……

還是其實，

你是早已經知道，

在那些日子，在那個凌晨，

他是已經開始變了。

那天，你從他的目光或咀角裡，

感到這一個你心裡最認真在乎的人，

已經變得沒有那麼在乎你，

再不會像往時一樣，

會太過著緊你、偶爾會對你抱怨或生氣；

那一點點的冷，被他的笑容與呼吸輕輕掩蓋，

即使他擁抱你的雙手，

變得比以往更加用力，

但與其說這是怕失去你，

不如說，他只是想在最後的時間裡，

來疼愛你更多，

或，補償你更多……

其實你知道的，

只是他一直沒有開口，

你也讓自己假裝不知道，

讓他繼續來配合自己、

去做一個最好的另一半，

也讓自己來配合他，

陪他去撒了這最後的一個謊言——

其實你不是不想挽留，

不是不想這一個難得遇上的人，

繼續和自己走下去，走到那曾經約定過的白頭。

只是你知道，他是已經變了，

而你卻對這一顆變了的心，

已經無能為力，已經不知道該可怎樣，

才能夠令他變回從前那般，

只會喜歡你，只會留在你身邊……

在那些夜裡，在那些你們別離的黃昏，

在那些你一個人回家的路上，

有多少次，

你曾傻想到過這一個事實、這一個結局，

只是那時你會安慰自己，

是自己想得太多，

這天他仍然會對自己微笑，

他仍然是喜歡自己，

他沒有變，以後你們就只會變得更加好，

就只會變得更加喜歡對方……

然而，最後，

他還是要離開，

你看著他的冷漠，聽著他的淡然，

跟昨天不再一樣，比最初還要陌生；

是已經變了，再不能假裝不知道，

也再不能逃避那心痛……

如果真的要變，

可以變得沒那麼心痛嗎，

可以變得不如此絕情嗎？

但有些事情，你知道，
變了，就不會再輕易變回去。
就好似，眼前的這個人，
就好似，仍然會喜歡著這個人的你。

其實你知道的，
只是他一直沒有開口，
你也讓自己假裝不知道。

留 住 你

那天，

你累了，開始想放棄，

開始會想，不如離開那一個人。

然而當你提出離開，

對方卻來留住你，

問你為甚麼要走，

是不是有哪些不滿，

又或是跟你提出承諾，

他會改，他會為你做更多，

只要你不要離開、留在他身邊就好。

於是，因為他的說話，

你沒有離開、繼續留下來，

期待他會變會改，

他會做到你想要的，

或是你們的心終於能夠真正靠近……

可是你等了又等，
一個月又一個月，春去再秋來，
他始終做不到他所說的，
甚至從來沒有做過，
你再變得不快樂，也累積了更深的累；
直到哪天，你又想離開了，
然後，他又用說話留住你，
彷彿似曾相識，彷彿從頭再來……

那一刻你終於醒悟，
上一次留住你的，
原來只是他的說話，而不是他的真心；
在最初，為甚麼你會累了，
為甚麼你會想離開，
不是完全因為他有沒有做到哪些甚麼，
而是你再感覺不到他對你的真心與著緊。

他越是用言語留住你，
你越能感到在那些虛無的遠景背後，

他如今對你有多忽視與不了解，

以及他自以為的盡力和於事無補的安慰……

然而，即使你終於醒覺明白，

但你卻未必離開得了，

因為你可能已經被時間不停消磨，

而變得太心灰疲累、

再沒有重新開始的決心與力氣……

結果，他還是成功留住了你，

即使你以後偶爾還會想要離開，

偶爾又會取笑自己，

為甚麼始終離開不了。

那一刻你終於醒悟，上一次留住你的，

原來只是他的說話，而不是他的真心。

迷　戀

當你真正喜歡一個人的時候，
你會很自然地將所有事情都以對方為主；
他喜歡的事，你會去做，
他不喜歡的事，你絕不會觸及，
比起家人朋友，他彷彿還更重要，
就算是理想或自由，彷彿也再沒所謂，
只要是他，你願意追隨到天涯海角，
你願意去做任何他想你去做的事⋯⋯

但也許，你如此虔誠，
其實只是緣於害怕錯失這個喜歡的人，
怕這一段並不牢固的關係，會無疾而終，
怕有天，他會放開自己；
於是你寧願盡可能去討好對方、
不敢錯過任何一點可以親近他的機會，

你太留意他的皺眉或嘆氣，

太在乎他的沉默或遲鈍，

然後，漸漸，

他的好與不好都被你一點一點放大，

你會太記住他曾經給你的一點溫柔、

為他一句有心或無意的說話想得太多，

然後，你又會為他某一次的沒有回覆而過份消沉，

卻又繼續留神他的在線時間，

想像他是不是故意要疏遠或折磨自己，

想像，自己是無法脫離他的束縛，

在偉大的他跟前，自己是有多麼卑微……

但其實，你只是過度放大了他的一切，

同時又過度忽視真正的自己，

你以為，你本來的自尊、優點、驕傲和快樂，

在他跟前都不值一提，

你卻不記得，在認識他之前，

他在你眼中也不過是一個陌路人，

沒有他之前，你還是一樣快樂自在地生活，

一樣，有你去疼惜和愛護你的人。

真正愛一個人，是會失去了自己，

但所謂失去自己，並不是一切的自我都失去，

最起碼，你應該可以在對方的眼中，

看得見自己的笑臉，

你應該能夠和對方一起同步成長，

兩個自我相互融，成為比家人知己更親密的一對，

而不是每天只能追著那個人的背影偷望，

不能夠和他正面對望甚至溝通，

盼有天他會回頭，有天他不會再逃避，

有天他終於會可憐自己……

但這不是愛，這只是一場迷戀而已。

但這不是愛，這只是一場迷戀而已。

退而求其次的快樂

夜深了，
看著手裡的螢幕，
你會想得到一些甚麼？

是對方傳來的一句晚安嗎，
還是想要對方的關心；
又抑或你是想回到、
以前日夜與對方短訊的時光，
是想回到仍然會互相著緊、
仍然會關心對方的那些時候，
又或者其實你是希望能夠，
與對方再重新開始，
再一次回到認識的最初？

有時候，我們喜歡一個人，

與對方靠近、接觸，

原本，是希望與對方在一起；

只是我們也許知道或認定，

自己是不能如願，

於是我們惟有退而求其次，

選擇與對方做知己；

然後，我們又發現，

做知己也是需要緣份，

我們只好再退而求其次，

只想自己成為對方的好朋友。

但做不做到好朋友，

並不是單方面就可以決定的事情，

或者你有心，但對方未必有意，

縱然如此，你仍是希望，

對方會是一個願意向自己傾訴心事的朋友；

只是，對方不一定會有太多心事，

而傾訴心事的對象，也可能不只你一個人，

於是你看開了，

你希望對方在想找人聊天的時候，

會記得找自己，就好……

又然後，你每天都期望能夠與對方談天說地，
可每天對方都忙於與別人暢遊天地，
於是你只好將說話化成文字，
用手機短訊傳送給對方，
只望對方會看得到，
只望對方會在手機裡與自己交談自己……

但漸漸，不知道是甚麼原因，
對方回覆自己的短訊越來越慢，
有些時候，甚至是沒有回覆，
你開始許願，只要對方會回覆自己，
那就已經足夠了……

到後來，對方實在忙得不能回覆自己，
每個夜深，你都只會再發一個短訊，
跟對方說聲晚安，只盼望也會換來對方的晚安……

最後，你們之間剩餘晚安，
甚至連晚安都沒有了，

你看著手裡的螢幕，
看著對方不久之前離線的時間，
你如今只希望，
對方仍然記得自己，
偶爾還會想念這一個人，
就算彼此已沒有見面、沒有對話，
就算他都不喜歡你了⋯⋯
但只要他仍然過得安好，那就已經很好，
就已經心滿意足⋯⋯

縱然，你最後還是得不到那一聲晚安，
縱然，你最初是多想得到對方的喜歡。

有時候，
我們一直讓自己退而求其次，
一直放棄得到最想要的，
一直讓自己付出、失去甚至犧牲，
一直跟自己說，
沒關係的、其實這樣已經很好、
已經足夠了，
但是，你會覺得快樂嘛？

也許你是快樂的，
如果你能夠衷心為對方的快樂而高興，
你，已經比很多人都要快樂了，
就算你始終得不到，自己最想要的，
自己最喜歡最放不開的……

你快樂嘛？

縱然，
你最後還是得不到那一聲晚安，
縱然，
你最初是多想得到對方的喜歡。

問　好

你知道，
若兩個人真的交心，
就應該要對自己及對方坦誠。

即使有些說話，
你知道對方聽了可能會不高興，
但如果說了會令他避免受傷，
如果說了會令他不會犯錯，
如果說了會令你們之間的誤會解開，
如果說了會挽回你們日漸淡薄的感情；
如果說了會令你們了解對方更多，
如果說了方可令對方明白你的著緊……

那麼，縱然是會令他不高興，
縱然最後可能還會大吵一架，

但你還是要把那一些話，
明明白白讓對方知道。
因為你不想對方做錯了，
因為你不想裝作不知、
讓自己變成得過且過的人，
因為你不想你們會變成那一種只會嘻哈玩笑、
只會打招呼問好的表面朋友，
你們的交往原來只是交換微笑，
並不是真正交心，並不是真正朋友……

只是，你知道自己不想這樣，
但你通常都不知道，
對方其實是不是也不想如此。
即使有些事情你很想讓他明白，
包括那些他不明白你的、誤解你的，
包括那些你一直藏了很久、
那些真心話以及情緒，
其實你是很想大聲告訴他，
很想跟他大吵一場，
但每次你在手機或臉書裡，
就只會向那一個看不到表情的他，

問好，微笑，你好嗎，
也不錯，嗯，睡了，
再見，晚安……

每次你都會有一點不甘心，
然而，日子還是如此過去，
你和他，最後都不會講再見，
甚麼都沒有再講。

你和他，最後都不會講再見，
甚麼都沒有再講。

堅 持

堅持等一個人其實並不太難，

困難在於，你不能夠一直停留在同一個地方去等。

通常我們只能一邊前進、一邊回頭眺望，

期盼有天對方也會回頭，

期望有天對方會記得自己、找回自己；

但隨著時間過去，

我們總是會不知不覺走到了很遠很遠的地方，

我們卻未必等得到想要的事情。

也許你的心依然還停留在當年當日，

依然為著那一個人默默堅持守候，

但若然對方真的會回頭、真的想起你這一個人，

他也只會看得見、你如今已走在一條他並不熟悉的路途上，

與其冒險靠近，不如保持距離交往，

甚至是，不如不見……

而他也永遠不會知道，

這些年來，你其實一直為他在等，

每一個夜深每一次風起，你曾經想念過他幾千百轉，

即使他也已經前進到一個沒有你存在的陌生世界，

即使他其實從來沒有回頭；

即使有幾多個夜深，你曾經回去到那一個地方，

那一個曾經有他存在的地方，

去懷緬，去期盼，去取笑自己——

其實你知道，如果自己當時一直留在這地方，

一直繼續等他，他也是不會回頭，

他也是不會留意到自己；

你應該要喊住他的，在那一次他要轉身的時候，

在那一個你們最後一次見面的黃昏，

縱使會被他拒絕一次，也總好過之後一直漫無目的地空等。

你知道，自己其實只不過在空等，

自己其實並沒有太多堅持，

自己其實就只有一點留戀、一點不捨……

其實早就已經知道沒結果，

其實，我們只是在懲罰自己而已。

每 一 個 夜 深 每 一 次 風 起 ，
你 曾 經 想 念 過 他 幾 千 百 轉 ……

敏 感

因為我們都敏感，
才會太在乎彼此的感受。

因為我們都敏感，
才會太在意對方說話的含意。

因為我們都敏感，
才會看著對方臉書的一句歌詞而出神。

因為我們都敏感，
才會為了得不到對方的短訊而不能入眠。

因為我們都敏感，
才會因為對方約會別人而寢食不安。

因為我們都敏感，

才會因為得到對方的偶爾溫柔而胡思亂想。

因為我們都敏感，

才會因為沒有準時收到對方的祝福短訊而感到茫然。

因為我們都敏感，

才會被對方最後的上線時間佔據了所有時間。

因為我們都敏感，

才會不停更新對方的臉書頁面而不知疲倦。

因為我們都敏感，

才會因為對方的忽冷忽熱而惶惑不已。

因為我們都敏感，

才會為未必會發生的事情而煩惱太多。

因為我們都敏感，

才會害怕自己的說話刺痛到對方。

因為我們都敏感，
才會太過擔心自己的任性傷害了別人。

因為我們都敏感，
才會不想對方因為自己而太過困擾。

因為我們都敏感，
才會因為對方不知有沒有認真而太過認真。

因為我們都敏感，
才會太容易被一點的小事情觸動而流淚。

因為我們都敏感，
才會太容易因為對方的心情變遷而喜怒不定。

因為我們都敏感，
才會太想去肯定自己與對方到底是怎樣的關係。

因為我們都敏感，
才會一直因為不能明白對方的想法而始終執著。

因為我們都敏感，

才會變得漸漸害怕知道對方的想法有甚麼改變。

因為我們都敏感，

才會開始不想再去知道對方有沒有在乎過自己。

因為我們都敏感，

才會不想再被對方的一言一行過份支配而沒有了自我。

因為我們都敏感，

才會認為不再聯絡不再見面方可以避免再互相折磨。

因為我們都敏感，

才會寧願封鎖對方的臉書與 whatsapp 不再往來。

因為我們都敏感，

才會因為不想再令對方敏感而刻意表現得不在乎。

因為我們都敏感，

才會選擇不辭而別不要回頭。

因為我們都敏感，
才會變成這天我們再不會交心再不會互相微笑對望……

因為我們都敏感，
才會在最初最初察覺到對方臉上那溫柔的笑臉。
因為我們都敏感……

其實，認識你之前，
我並不是如現在般這麼敏感，
也許你也是一樣；
會變得敏感，會變得為對方太過在意，
也許是因為，我們都不想失去對方，
也許是因為……
其實我們一早已預見如今這結果。

因為我們都敏感，
才會選擇不辭而別不要回頭。

欲言

當，你試過自欺，
對自己說，仍然是有機會的，
只要不放棄，總有一天會打動對方……

當，你等了忍了，
他的偶爾忽略，他的一再曖昧，
盼有天他明白你的感受，
那些度日如年的苦等……

當，你徘徘徊徊，
曾經離開過，又再沉溺更多，
你會想，逃走或者會更加輕鬆，
然後又想，留下來，
可能又會等到奇蹟……

當，你忘了底線，

漸漸都忘記當初的目標，

不記得單純喜歡一個人的感覺，

不再想起，自己其實也需要開心，

需要有一個伴自己歡笑的人……

當……

有一天，你決定就此放棄了，

不再盼望他的回頭，

不再期待他的回覆，

你大方的承認，是自己輸了，

你的堅持贏不到想要的微笑，

如今你不想再執迷，不想再無止境，

只想換一個漂亮的離場，

只想可以喘息、可以換回一點自由；

然而，當你快要轉身離開，

他依然像平常一樣，

不會挽留，也不會說再見，

彷彿，有一些你不能明白的心情無法言明，

彷彿，

他是不想你離開但又不想你不快樂，

卻始終想再見你然而你們始終不會一起⋯⋯

最後，你又心亂，

或故意讓自己心軟⋯⋯

有多少次，你是在這種情況下離不開，

有多少次，你其實是想換到對方的一點同情？

如果真的決心離開，

其實最後無需向對方言明太多，

如果對方沒有真正在乎過，

你再坦誠交心，他還是只會繼續欲言又止。

你再坦誠交心，
他還是只會繼續欲言又止。

淡 了

你最怕聽到的，
是他終於對你說，淡了。
他會說，因為感覺淡了，
你們的關係就不能再維持，
淡了，遲早都會散
何必又要再勉強。

然後他說，其實已經有一段日子了，
他對你的感覺已經不再如昔，
只是他未曾說出口，
他不想讓你變得不快樂；
但如今他還是覺得，
不能再與你繼續下去了，
你的笑你的愁，

再也提不起他的興趣，

你在他腦海裡的身影，

早已變得無可再淡，

這種感覺、這些想法，

在他心裡反覆了多少日子，

他嘗試過去拖延、

看哪天可以找回過去的節奏，

只是來到這天，

他是真的再忍耐不下去，

他說，淡了，最終還是應該要散，

與其勉強，不如早點放手，

對大家都好過⋯⋯

是的，淡了就會散，

你是知道的，

有天他終會對你說出這個事實；

他對你的感覺日漸淡薄，

於是開始一點一點疏遠你，

而你也其實是早已感到，

你們的關係在某一天開始，

無緣無故開始變得淡了⋯⋯

只是，淡了，

有些人會選擇開始疏遠、逃避，

有些人會選擇更加著緊、追近；

苦惱的不只有他，

這些日子你也一路惶惑不安、

一路苦苦堅持，

你再擔心，還是提醒自己要繼續微笑，

想去追回和守住你們當初有過的熱度與心跳，

你相信淡了不一定等於會散，

就只看你和他，是否還想繼續走下去，

就只看兩個人眼中是否依然只有對方一個人。

可惜你的努力，

始終追不上他想鬆開手的渴望，

來到這天，那抹笑還是不可再假裝下去，

他說感覺淡了，所以決定要放棄，

而你明知淡了，卻還捨不得放手。

他說感覺淡了，所以決定要放棄，
而你明知淡了，卻還捨不得放手。

深　思

也許，
我們原來只是高估了，
彼此的情深。

明明上星期還談得十分投契，
但這星期他已經不想回覆自己；
明明上一次還約定下次要到哪裡去玩，
但如今就連見面也不願意。

明明，上一次約會，
他還主動牽起自己的手，
但這天，他已經和另一個人在一起；
明明，他說過喜歡自己，
會對自己認真，
但為甚麼，他現在卻會喜歡了另一個人⋯⋯

變心了，你知道是很平常，

可在這麼短時間內，就對一個人變心，

這其實是很傷人的一件事。

你們都尚未開始，

他已經給你留下一道背叛的疤痕，

但旁人甚至他，

可能還會抽離地跟你說，

你們都未在一起，也沒有許過承諾，

談不上誰負了誰，更別說背叛了……

可那點被無端捨棄的感覺，

卻每天都為你帶來無比煎熬與煩惱，

你會亂想，其實是否自己最初已自作多情，

你會自責，為甚麼會對這個人投放了太多認真；

你會懊悔，如果自己當日更主動，

是否就不會失去他，

你會迷惑，為甚麼那一夜他看著自己的時候，

他的表情是那麼認真，

為甚麼，他還會牽起了自己的手。

如果他不喜歡自己，

那為甚麼當他知道你心意的時候，

他並沒有迴避或拒絕。

你還記得，他那時候對你笑了，

即使他沒有用言語表示過，也喜歡你，

但你從他的表情、他的語調，

他的靠近、他的牽手，

你感受得到他的溫柔，甚至他的認真。

是不是當時候，他跟你也一樣，

也是喜歡著眼前的這個人，

是不是也想過，要跟對方在一起，

如果你們在一起，你們會過得好快樂好快樂，

你們以後會一同成長、生活、

經歷不同的人生階段、甚至白頭到老，

你們的眼裡就只有對方一人，

沒有事情可以再動搖你們，

沒有人可以再將你們分開……

只是，原來，

他是高估了自己的認真，

高估了，自己對你這一個人的感覺。

當那一刻的衝動、熱度與溫馨稍稍褪卻，

他忽然發現到，自己內心的天秤有點不平衡，

有一點說不出的難為，無法對你說明；

也許，他是喜歡你，

只不過原來，並未去到想要一起的程度，

也許，他是認真的，

只不過原來，他另有一個更喜歡的人，

也許……

他當時只是不忍心或不知道怎麼拒絕，

自己的心意，

也許……

其實他並不真正想跟自己一起，

他只是想跟自己做一對好友，

想有一個人對自己很好很好，

想珍惜你對他的好，對他的感情，

想要嘗試一次，

自己跟這一個人可以有哪一種發展……

也許，也許，

你明白這些都不過是自我安慰，

你只不過是為他的自私，找一些美化的藉口，

真相如何，你是永遠都不會得知；

你只知道，在親到無可再親密後，

這份情誼已經無法再添加一點熱度，

反而之前因為奇蹟般地太快靠近，

現在冷下來的反差也變得更大，

越是想要傾談，越是沒有回應，

越是想再重來，越是離得遙遠……

既然如此，

你只好繼續去空想更多不同的可能性，

讓自己有天會對他討厭、絕情，

讓自己可以早日放開、釋懷，

讓自己能夠不用再對他思念下去，

讓自己有一天終於發現，

原來自己也是太高估了，

自己對他的那一份情深。

其實你並不是很喜歡他，

你只是喜歡或懷念，

他對你溫柔微笑的那一張臉容……

其實你只是因為一直想得太多，

才會對他變得如此不捨；

其實你是可以放開，可以忘記，

可以再去喜歡另一個人，

其實你是早就應該可以，

笑著離開這一個人……

只是你還是太想知道，

他為甚麼那天要忽然捨你而去，

只是你還是會想繼續，

當天沒有開花結果的那點認真……

也許所謂情深，

原來是自己的依然執著；

但一天一天過去，

他離得越遠，你想得越深，

即使如今可能已不剩多少情愫，

但你還是讓自己嚐了多少刺痛。

即使如今可能已不剩多少情愫，
但你還是讓自己嚐了多少刺痛。

被 分 開

有些事情，
沒有言明，只有意會，
卻永遠傷人最深。

他一直沒有開口，
也沒有一個短訊通知，
只是他漸漸沒有找你，
只是你漸漸找他不到；
最後你只能推測，他是已經走了，
雖然你其實是不能肯定，
他是不是有哪些苦衷、
或有天他會不會忽然再回來，
但你一通又一通電話打過去，
他一個又一個的短訊沒有回覆，
而他的在線時間、臉書仍是如常每日更新……

你開始明白及相信，

他是真的已經悄悄走了，

這一個原本可是與你每天相對的人；

原來你們已經分開了，

你從其他朋友的口中得到這個消息，

又或者正確點說，你是被分開了，

即使你其實仍然在等他的親自確認，

即使，你其實仍然會想知道，

為甚麼要分開，為甚麼要如此。

但是有些問題，

一個人再怎麼努力去想，

也是始終都想不出個答案來。

是你的不好嗎，是某一次你做錯事了嗎？

是你讓他生氣了嗎，

還是你開始讓他厭倦了，

還是，他有另一個喜歡的人，

又還是，自己原來只是第三者……

只是你再客觀冷靜、再有更豐富的想像力，

這些似是而非的結論，

你都不可能從一個不會回應的人身上，
得到太多肯定；
也許，他後來是跟另一個人一起了，
但他們是否在你們一起的時候就已經開始？
這個不肯定，可以讓你的心碎落很多次，
而最後你都未必找得到真相。
然後再想更多，
你的生活都因為這個謎題而荒廢，
你原本的樂觀和自信、
都因為他的不辭而別蕩然無存，
漸漸你會想，自己是否真的不值得被尊重，
為甚麼不可以跟自己好好告別，
再不喜歡自己也好，
又是否真的要如此懲罰自己。

或者，退後一步來看，
早一點分開，其實是好事。
因為如果，
他是覺得你並非適合的人、
你們是真的不適合走在一起，
那麼再怎麼努力都好，

你們也只會蹉跎了彼此歲月，

而最後他又可能還是會如此不辭而別；

現在你們不再見面，他提早逃跑了，

就算你再傻再自傷，

也始終及不上他所傷害你的幾分之一，

其實你是應該要去感謝他的……

雖然，他的不辭而別，

讓你作了好多晚的惡夢，

每次他都待你如陌生人一樣；

雖然，他留下的短訊、相片、

戲票、氣味、回憶、聲音、心跳、一切……

每天每夜都依然在你的世界裡驀地出現，

又默然消失，像似逃不了的分身術，

彷彿要時刻提醒自己，

你們是已經分開了，

他不再在身邊了，

這是幻覺，這是自己想得太多，

不要再想了，不要再執迷了，

不要再用舊日的美好來比對今日的孤單，

不要再，繼續折磨自己了……

即使明明，他是已經跟你分開了，
但你們彷彿從來沒有分開過，
即使他留下的，就只是你一個人，
每次睜眼醒來，都會讓你茫茫然不知所措……

是的，他遠走了，
沒有留下一點說話，
就只留下你自己一個。

這終結，其實是多麼傷人，
但自己還怎可以再去乞討他的一句再見，
還怎可以，被這個人再傷一次。
他不說再見，
就讓彼此以後都不要再見。

**他不說再見，
就讓彼此以後都不要再見。**

普通朋友

因為我們是普通朋友，
我們才會想去認識對方更多。

因為我們是普通朋友，
我們才會在夜深談過幾多通電話。

因為我們是普通朋友，
我們才會在凌晨忍住睡意等對方短訊。

因為我們是普通朋友，
我們才會為對方送出過這麼多張笑臉符號。

因為我們是普通朋友，
我們才會為大家有相同想法而感到意外或興奮。

因為我們是普通朋友，
我們才會想要約會對方、想一起去更多不同的地方。

因為我們是普通朋友，
我們才會交換彼此的真正名字、出生日期、甚至秘密。

因為我們是普通朋友，
我們才會願意向對方分享一些
自己其實不想再提起的成長經歷。

因為我們是普通朋友，
我們才會想要給對方更多的關心和信任、
同時也希望同樣得到更多。

因為我們是普通朋友，
我們才會一直沒有進一步，
一直都像是不明白、但又仍然每天親密地交往。

因為我們是普通朋友，
我們才會為對方一句有心或無意的說話或文字，
茫然苦惱失眠。

因為我們是普通朋友，
我們才會想去肯定或知道、自己在對方內心是否真的重要。

因為我們是普通朋友，
我們才會為忽然得不到對方的來電或短訊而惶惑而難受。

因為我們是普通朋友，
我們才會變得不能再像別的朋友般隨心或坦誠相處。

因為我們是普通朋友，
我們才會漸漸察覺及在意彼此之間的不同與差別。

因為我們是普通朋友，
我們才不可以干涉對方生活以至感情的自由。

因為我們是普通朋友，
我們才可以選擇接不接聽一個電話、回不回對方的短訊。

因為我們是普通朋友，
我們才可以在臉書繼續知道彼此的近況、即使已經沒有聯絡。

因為我們是普通朋友，
我們才可以繼續跟朋友說認識對方、雖然很久沒再見面。

因為我們是普通朋友……

最後你和我才發現，由始至終，
你待我其實就只是一位普通的朋友，
不會比別人有多一點特別、有多一點珍貴，
不會讓你在將來記得曾經有過一個待你太好的人。

因為我們是普通朋友……
我如今才明白，原來普通朋友，
也是可以讓另一個人如此難過、心痛，
原來……
一切都只是我這普通朋友想得太多。

原來，
一切都只是我這普通朋友想得太多。

無 止 境

你願意去等，
等一個人，等一個答案，
只是你也害怕，無止境地等下去。

石頭掉到水裡，也會出現波紋，
但付出心思去等，有時卻未必可得到答案。

即使，你是已經將問題說得清楚、講得明白，
即使，連旁人都知道你的行動埋藏了幾多心意，
但對方卻是始終沒有回應、或逃避，
又或者，他像是完全不知道你的心事，
卻讓你之後的每一天都在迷惑，
是否應該要繼續等下去，
每個晚上也會失眠，
為自己可能會得到的答案模擬幻想下去……

其實你要求的，可能只是很簡單的回應，

是或不是、有或沒有、

好或不好、喜歡或不喜歡……

但繼續猜想下去，漸漸你會有各種迷思，

自己的問題，其實是不是太過卻人所難，

自己的心意，其實是不是本來就不值得重視，

否則，為何會始終沒得到他的回應，

一定是因為自己太煩人、有太多要求，

一定是因為他仍然在忙、他早已忘了……

然後，到你就快要等不下去的時候，

對方卻又像一個沒事人般，

像過往般與你說笑聊天，

你會不知道，這到底是他給予自己的一點暗示，

甚至是一個你應該明白的真正答覆；

若你進一步想確認，

他的態度卻又再像之前般讓你不明不白，

你又開始會去猜想這一個人是真的遲鈍、

還是他的本性原來是無比冷漠自私，

否則，他又怎麼會忍心要一個人無止境地等下去，

如果他是真的明白，

等得太久，會有多少苦痛與困倦，
等得太多，漸漸會再不懂得微笑⋯⋯

但每次你想放棄去等的時候，
你仍是會想起與他各種的美好，
不捨得放低，不甘心忘記，
然後你又會繼續無條件等下去，
即使你仍然怕最後等不到想要的答案，
甚至是得不到他的一個回覆；
其實，無止境，
都只是在自己的一念之間而已。

等得太久，
會有多少苦痛與困倦，
等得太多，
漸漸會再不懂得微笑。

閒 話 到 此

無話再講，
有時候並不是因為，
你真的無話想要跟對方再講。

有些話只要說出來，
你知道就可以讓問題解決。
但你也知道，
即使有時將話說清楚了，
問題不但不能夠解決，
反而會令到大家無話可以再講。

即使我們明白或體諒，
兩個人本來是獨立的個體，
不可能會完全互相明白，
總會有誤會對方、被對方背叛的時候，

要化解問題，還是需要好好溝通；

但是人本身對事物所投放的感情，

卻不是可以如此輕易地冷卻平伏，

而大家能理智的程度，很多時也不會一樣，

不能達至相近的頻道，

於是，我們會覺得對方投放了太多執著，

即使他其實只是比較認真、比較緊張，

又或者，我們會覺得對方只是想置身事外，

即使他不過是希望冷靜客觀一些去解決問題。

在不同的頻道下溝通下去，

不是對方接收不到，就是變成語言不通，

但彼此卻又是如此用力想讓對方明白自己的心意，

但最後卻又會漸漸變成執著表明自己沒有做錯。

然後，終於說得累了，

我們會放棄不再爭論甚至認真，

用沉默來繼續和對方抗爭。

從前，當兩個人忽然沉默了，

其中一方也會找到一點話題，

讓彼此可以再嘻哈玩笑下去；

如今，連玩笑也不敢再說，
怕一句玩笑會引來對方不快，
又或是為自己帶來得不到回應的尷尬。

有些人可能也會抵不住沉默先去開口，
怎樣也好、說句話啊⋯⋯
但當你說了幾次這樣的話，
而你們還是不能好好再說下去，
你還是會選擇放棄這一種、
其實委屈自己的請求；
而對方可能也不是不想再跟你說話，
只是他或會以為，
你企圖就這樣將事情帶過、不想重視他的認真，
這樣的你實在有些狡猾⋯⋯
而你其實並不是存心無視他的心情，
你只是想兩人早一點回復無所不談的那些時光，
讓自己的心意可以再坦率的讓對方明白和接受。

但可能最後，你想到頭髮白了，
也找不到如何化解那道看不見的牆；
又或者，你終於想通了這當中的心理，

你深切的了解到他原來是有多麼的不了解你，
但這了解，你卻是不可能去讓他知道……

你一個人懷著這秘密，
在他身邊，或在他看不見的世界，
繼續和他無話可說，
繼續去想，自己是應該再等多一會，
還是應該安靜的走開。

你一個人懷著這秘密，
繼續去想，自己是應該再等多一會，
還是應該安靜的走開。

想 不 起

你知道，

想記得一件事情，

其實可以有很多方法；

簡單如寫一張紙條，

又或是記在手機的行事錄上，

只要翻看，就會記得。

但偏偏，他總是記不緊你的事情，

例如你的喜惡、你的口味，

你的小習慣、你常常會犯的冒失⋯⋯

彷彿是新相識的朋友，

他每次都會誠實地讓你發現，

原來他不清楚你這一個人。

最初，你會學習體諒他，

他一定是一個不太細心的人，

不懂得留神身邊人的事情，

這是不值得去抱怨的；

但你跟他的一些約定，他也忘了，

他答應過你的事情，

最後也總是換來一時大意等藉口……

當試過太多，漸漸你會了解，

有些事情他並不是真的不記得，

而是在於他想不想去記起。

即使他有翻看行事錄，

即使他明明看見和你之前約定的短訊，

可是他一樣可以選擇裝作不記得、

太忙了一時大意；

忘記了，之後再見時補回一聲對不起，

如果見不到，那也沒法子……

其實他只是不想去記起、或是想起自己罷了，

如果會想起，就自然應該會記得，

你們有過的那些約定，

你的認真與在乎，還有你那張失望的表情……
其實你並不是真的要求他牢記你的一切事情，
你只是希望他會想起自己而已。

然而，他一忘再忘，
讓記憶來推卸掩飾對你的忽略；
而你，其實不是不明白這當中的自私，
只是偶爾你又會選擇不想去記起，
裝作不記得那些辛酸而已。

然而，他一忘再忘，
讓記憶來推卸掩飾對你的忽略。

03

放下之後

{ 從零碎失落裡找回自己 }

他給過你某些，
你最後還是說不清楚的微妙感覺。
雖然這個人，最後也不是自己的誰。

然後他跟你彷彿談了一場戀愛，
在你手心的生命線裡，
留下一絲短暫而深刻的痕跡。

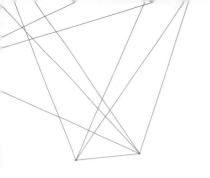

不 是 你

也許，我們總會有一次，
會因為不能夠跟一個人去開始，
而變得太過記念、沒法釋懷。

就算未必驚天動地過、
甚至從來沒有表露心跡，
但因為他是第一位讓你覺得，
你們明明是有機會在一起的，
只是最後，
你們卻漸漸不明不白地，
疏遠、甚至陌路，
那些短暫的回憶、快樂，
是可以纏著我們很久很久都走不過去，
甚至影響了我們將來的路向……

然而，就是因為不能再回頭、

不會再重來，
如今自己才會依然那麼懷念、在乎，
若有天竟然難得再重遇，
或許到時你又會覺得，
原來只是自己心裡面的記憶太美好，
實際在一起了，那種感覺卻不過如此……

有些人，你知道不可能留住，
即使勉強，也未必會獲得好結果。
既然回憶中的他，
始終能夠令你著迷，
那麼就讓他繼續留在回憶裡面，
偶爾回味偶爾掛念，
偶爾可惜偶爾感謝，
縱短暫，但是卻永遠珍貴，
不是你，但心坎裡的人，
永遠都會是你。

不是你，但心坎裡的人，
永遠都會是你。

不要拆穿

你知道，有些友誼有些感情，
是建基於相互的喜歡之上；
只是你不會刻意揭破，也不會大意說穿，
即使那份喜歡，
是深刻得你將來都不會忘記，
即使那種觸動，
偶爾會讓你窩心得帶一點痛……

但你寧願與對方保持一點點的距離，
不要走得太近，
也不會讓彼此有機會疏遠；
你選擇留在最適當的位置看著那一個人，
偶爾與他天南地北、談天直到夜深，
偶爾與他默然對望、然後會心微笑……
然後有天，你會看著他結交了另一半，

你會默默送上你的祝福、你的支持，

你始終相信，

這仍然是你們之間最好的交往方式，

當中蘊含了你們對彼此的了解、

關心、體諒與愛護，

沒有人會因為分手而別離，

沒有人會因為背叛而受傷；

即使偶爾，你還是會感到有一點點的刺痛，

但你只會讓他看得見你的微笑、祝福，

讓那些未可說出的點滴，

回流到眼睛裡，悄悄的埋藏在心底。

讓那些未可說出的點滴，
回流到眼睛裡，悄悄的埋藏在心底。

不 該

你說，
喜歡了一個不應該喜歡的人，
還可以怎麼辦？

朋友說，你不應該再為那個人浪費時間，
父母說，你應該找一個更愛你的人，
旁人說，再繼續下去不過是委屈作賤自己，
甚至喜歡的對象也對你說，
你不應該再為他付出或守候下去，
你更值得有一個人對你好、給你幸福，
請你從此將他忘記，
請你好好放過自己⋯⋯

這些勸罵與道理，你不是不知道，

換轉角色，

你大概也會這樣去安慰或開解別人，

但一天一天過去，

你還是只懂得喜歡那一個人，

縱然得到別人的鼓勵、

你漸漸熟練地笑著回答你會加油，

可是那一刻的振作又可以減輕對他的多少念掛，

你自己其實也很清楚。

每天你都只能叫自己不要想別再回憶，

希望自己能夠忽然失憶、

或嘗試麻木自己對任何事情的感覺，

因為你會開始害怕，

自己再不斷感受再不斷亂想下去，

又會對一些不應該去問的問題過份沉溺，

就好似，既然不能夠再喜歡，

那何必又要再接受更多心痛？

又或是，既然應該要放棄了，

為甚麼這過程反而會讓自己更加明白，

在這一段感情裡自己是有多認真……

再想再痛下去，自會有更多更深的結，

你沒有智慧與時間將這些結都解開，

就只能逃避再想或閉上眼睛，

盼自己不會被纏得太緊，

讓自己更沉重更不快樂。

其實你只是喜歡了一個人，

即使那個人不可能跟自己一起，

即使多少人都說你不應該喜歡下去，

只是喜不喜歡誰，

又有誰完全隨心所欲，

有誰會一早知道應不應該，

既然不能夠開花結果，也是無可奈何，

但亦無須急著要去遺忘、

然後把自己逼到連呼吸也會自責。

在想著要怎麼做才能夠讓自己不再喜歡那誰之前，

也不如試著重新認識，

最初那一個會喜歡他的你，

那一個漸漸被你躲開了隱藏了，

曾經願意勇敢去喜歡別人的自己。

喜歡一個人是不犯法的，
知道甚麼該做，甚麼是不應該，
你已經給予過對方最溫柔的祝福，
即使這天也許那點火那點真依然未改，
只會讓你自己一個人知道……

你又何必再繼續每夜責問自己。

不如試著重新認識，
那一個曾經願意勇敢
去喜歡別人的自己。

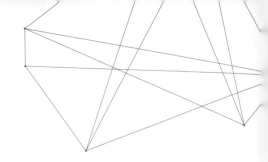

不 對

對著不對的人，
越努力，你越會發現有甚麼不對。

努力，是維繫一段關係所必需要的，
但當你的努力，每一次都彷彿石沉大海，
你再用心付出、經營、犧牲，
但始終不能換來對等的回報、甚至是一點回應；
每一次，你提出問題，但他都會逃避，
你留下短訊，他總是視而不見，
你跟自己說不要計較，
但漸漸變成他對你呼之則來、揮之則去，
他始終沒有珍惜你的真心，
你還對自己和親友說自己不介意，
繼續努力堅持，只要留在他的身邊……

只是，你真的不介意嗎？
偶爾關心你的人會對你勸勉，
要學懂自愛，何必為這個人委曲求全，
這些道理其實你都懂得，
只是你又會選擇將他的優點放大，
笑著跟別人解釋，
其實他也有對你好過、只是自己未做得足夠，
也許只要再努力多一點點，
就可以感動他、令他回心轉意；
但你不過是在安慰或催眠自己，
嘗試合理化他的不對，
你努力告訴別人自己很快樂，
即使大家甚至連你也清楚知道，
那一點所謂快樂，並不真的值得快樂。

你快樂嘛，一再努力地退而求其次、
放下自己的底線，
漸漸你都變成一個人努力、在乎，
一個人去為這段關係而認真、受傷，
至於對象是誰，
是一個好不好、對不對的人，

彷彿都沒有關係了；

因為，就只有你去為這段關係互動，

你努力去喜歡他，

也努力去替他喜歡你下去，

別人可能覺得你們是一個願打一個願捱，

但實情也許只是你一個人堅持捱下去而已。

即使你其實都已經累了，

即使，你還是會偶爾失眠，

偶爾會迷失街上茫無目標，

你想找他，但不敢找，

漸漸你都不敢再面對他了，

與其說怕吵醒他騷擾他，

不如說，你怕太冷漠自私的他，

會讓自己不能再裝睡、

再逃避不了那一個真相——

其實，對著一個不對的人，

就算你如何努力，

就算你做得如何對，

都不可能再讓他變成對的人……

這道理，你也許曾聽別人說過，
又也許，你也曾如此勸慰別人，
可是你依然相信或想信自己的選擇，
不論對或不對，也是自己心甘情願，
是自己只配擁有這樣的愛情……

但願你能夠早一點醒悟你自己的不對，
但願你們別要再，繼續不對下去。

但願你能夠早一點
醒悟你自己的不對，
但願你們別要再，繼續不對下去。

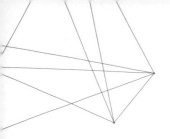

仍在線，還在意

你知道，
只有經常打開與對方的通話欄，
才會知道，對方原來也一直在線；
不打開，其實就不會知道，
只可惜自己又會心癢難熬，
然後忍不住打開，最後又忍不住難過。

其實，只有打開了通話欄，
我們才會知道那個人是否在線上。
換言之，如果對方始終都沒有打開與你的對話，
他是不可能會知道，
原來你也一直都在這線上，
一直看著他在線，仍然等著他找你……

你是知道這原理，也知道，
這樣等下去也是沒有意義，
你不傳一個訊息過去，
他是不會發現到你的等待、
又或是可以繼續假裝不知情，
你是知道的……

但你依然將自己的心機和時間，
繼續投進這一段不可能被接收得到的頻道裡，
與其說是浪費，
不如說，你其實是已經習慣了。

你太習慣，看到他在線，
然後在你尚在奢想的時候，冷然下線；
你太習慣，每當手機響起短訊鈴聲，
就會首先去想會不會是他的短訊，
然後當發現到是別人傳來，
那一種期望落空的心情……

你太習慣，
不一定要得到回應或結果，

就只要繼續可以知道，他最後的在線時間，
猜想他這天是甚麼時候起床、
夜深與誰人在通訊而未去入睡，
即使一直不能接近、被忽視，有時會讓你太難過，
即使這其實是多麼卑微，但你也覺得足夠，
即使你偶爾也會清醒……

其實，又何必如此。

即使這其實是多麼卑微，
但你也覺得足夠。

比　較

有用的時候，被對方看重；
沒用的時候，被對方遺忘。

需要的時候，短訊一個又一個，
不要的時候，一個短訊也不回。

電話，從來不會談得太多；
見面，從來都是很久不見。

每次見到了，總是自己被需要的時候；
每次消失了，總是會有太多藉口理由。

為甚麼別人可以得到應得的回報，
為甚麼別人可以擁有額外的溫柔，
而自己明明已經付出過這麼多，

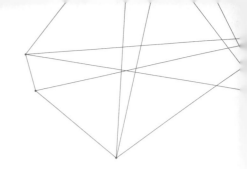

而別人總是比自己更值得憐憫……

其實你知道自己不應該去比較，
其實你知道自己不應該這麼小器，
但每次當你看到別人擁有的、自己沒有的，
當你試過太多次的有事鍾無艷，
當你真的覺得心灰意冷了……

你還是會好想自己得到一點回報，
又或者，自己能夠早一點看破看化看透看淡……

不要再只是懂得看著螢幕發光，
不要再繼續茫然到下一個夜深。

不要再只是懂得看著螢幕發光，
不要再繼續茫然到下一個夜深。

只 有 笑 臉 的 人

漸漸發現，
很多人不快樂的時候，
都不會找朋友傾訴，
甚至是，不想被別人知道。

也許，我們會選擇去聽歌，
獨個兒用歌曲去抒發感受，
又或是去一個人看書看劇集看電影，
用情節去將自己的情緒投射的同時、
也令自己再沒有去思考或面對不快的時間，
不要令自己有太多情緒無法排遣，
也不要讓朋友察覺或發現得到。

和朋友見面，也只會風花雪月，
就算那天你其實工作怎麼不順利，

但是你就半句都不會提起；

在臉書或其他社交網站，

你也只會貼一些快樂或有趣的新聞和圖片，

不會分享你其實已重播了多少次的情歌，

也不會在 status 透露半點、

其實這天你已經很疲累了……

越不快樂，就要越表現得快樂，

但在臉書貼出了更多的笑臉，

漸漸你又會覺得自己虛假、沒有意義，

最後你可能又會變得甚麼都不想說不再貼，

收起一切的情緒，做一個笑臉人甚至無臉人，

一個人去躲起來，逃避去面對別人，

就由得情緒自己繼續發酵消沉，

讓自己偷偷的繼續去想不通、或沉溺更多；

即使你堅強地相信自己一個人可以撐下去，

但你最軟弱的那一部份，卻沒有太多人可以了解，

而你漸漸又會習慣了這一種生活方式，

太過適應獨處，就連快樂的時候，

也開始不懂得向別人分享。

是的，心情不好，

大概你會不想見朋友，

怕自己言語乏味、面目可憎，

惹得朋友生厭，

也怕被別人看不起；

但真正的朋友，

是不會太介意你心情不好、

言語乏味、面目可憎，

再難頂，也會陪你一起走過去，

直到你心情好轉為止。

始終我們交友，

並不是為了要交換微笑，

你沒必要看輕你自己，

也不應該看輕，與你真正交心的那些朋友。

即使最後，大家未必會幫到你多少，

但如果有一個人可以陪自己抒發一下感受，

可以陪自己呆半天、蹲一會兒，

相信難過漸漸會變得沒有那麼難過，

就算你還想苦笑，也有對方陪你相視而笑；

只要是真正的朋友，
一定會願意關心你、傾聽你的問題，
只等你哪些時候，覺得可以說出來了，
也只望不會給你太多的壓力，
只願你一個人的時候，不會鑽進了牛角尖……

其實，
大家並不擔心你找不到其他快樂，
就只擔心你不快樂的時候找不回自己，
也忘了，你身邊還有著疼愛你的人而已。

只擔心你不快樂的時候找不回自己，
也忘了，你身邊還有著疼愛你的人。

失　蹤

你看著你發出的訊息，
確認對方已經收到了，
可是他遲遲都沒有回覆。
最初，你會為對方想，
大概是對方在忙，
他只是沒有空即時回覆；
到之後，你又會替他編織藉口，
是對方一時大意忘了，
還會反問自己，要不要再傳送多一次？

然後，你依然沒有收到，
漸漸又歸咎自己，
是自己的短訊傳得不合時，
是自己的說話沒有趣味吧？

已經不是第一次了，

你傳甚麼他都沒有回覆，

即使他明明在線上，

但他就像一個失蹤了的人口，

你都不知道，其實是自己的說話不有趣，

還是自己這個人不值得他注意；

因為你根本沒有機會去跟他接觸溝通，

你再細想或亂想下去，

也只是跟一個你想像中的影子去對峙，

而實際上，他這個人在你的手機裡、

或在你的眼前是已經失蹤了，

你不能了解他，也不能肯定，

其實是他對你這個人沒有興趣？

是他早就已經有其他說話的對象？

是他的性格自我中心、抑或沒有禮貌？

還是他本來就是一個不會回應短訊、

喜歡選擇逃避來應對的人……

你永遠不會知道這一個你在意的人、
但也不願正面應對的人的真正想法，
你亂想再多、抓不著更多，
只會把自己的心神都掏空；
他失蹤了，但你連自我也一併失去，
那又何必。

他失蹤了，
但你連自我也一併失去，
那又何必。

失 戀 朋 友

朋友有時是很難頂的，

尤其是，失戀時候的朋友。

都已經跟他開解過幾多次了，

但每次見到他，都是一臉苦瓜乾模樣；

你嘗試轉移他視線、跟他談些別的，

他卻彷彿元神出竅、沉思在另一個世界，

到你花乾口水說了很多很多，

他又會忽然回來，問你剛才說了甚麼。

有時你客觀跟他剖析道理是非，

他不是沒有在聽，只是雙眼始終存疑，

彷彿覺得你的想法實在是太偏激；

你告訴他那個人是壞人、早點離開他也是好的，

但他轉頭又會跟你說、其實那個人也有很多優點，

其實那個人也有苦衷、難言之隱，

其實那個人還是很著緊他在乎他關心他……

到有一次，那個人真的把他傷得很透了，

你勸他不要再跟那個人來往，

不如狠心放下他吧，他最初會點頭答應你，

到最後卻又忍不住繼續跟那個人短訊甚至見面；

偶爾他又會回復理智，

跟你一起笑罵那個人的缺點糗事，

幾乎把那個人踩得一文不值，

但後來他們又走在一起了，

他開始不接聽你電話，

彷彿要避開你、把你當做仇人，

讓你哭笑不得。

然後，那個人又棄他而去，

他又要找你出來，陪他傾訴，或是不說話；

你忍不住要罵他了，他又會默默落淚，

結果反而又讓你感到有點內疚。

又因為他們已經不會再聯繫，

偶爾他會要你幫他查看那個人的臉書、whatsapp 之類，
即使有時候明明已經夜深了，
即使你其實都覺得好煩好厭累，
但你還是會幫這樣的朋友，
一次又一次……

是前世欠了他嗎，
又或者其實，你是不忍心看到朋友這麼軟弱，
一點都不像以前的他，
一點都看不到，曾經讓你喜歡的樂觀自信模樣。

你不知道他甚麼時候才會清醒，
但你還是一直陪著他，
不論是在明裡、還是背後默默支持
只望有天，可以再次看到他簡單快樂的笑容，
只望有天他不會又因為某個不值得的人，
而打電話來找自己傾訴……

各位失戀的朋友，

你有這樣的朋友嗎？

若有，記得請珍惜這一位，

在你最軟弱時仍願意陪你一起軟弱的失戀朋友；

你再苦、再難頂，

但有了他，其實你已經多麼幸福了。

在你最軟弱時
仍願意陪你一起軟弱的失戀朋友。
有了他，
其實你已經多麼幸福。

似遠

似乎，
我們已經離對方好遠好遠。

已經很久沒有再見面，
已經忘記如何與你說一句話。

你的聲線，你的笑臉，
漸漸再不如昨年般清晰難忘；
那些夜、那些紀念、
那些發生過、那些未發生的，
也不會再如小學生般背默唸記。

回想那時，為甚麼會這樣傻呢，
就只是淡淡交會的一次無心意外，
卻會為一個本來不對的人想得太多，

然後又會為已經遠走的誰去執著更多。

想得多，執著更多，
同時又浪費了許多本來擁有的，
以為錯過了你，
卻沒有留意自己在懊悔的時候又錯過了別人，
最後自己又一直循環於始終在錯過的迴圈裡。

終於，彷彿逃得出去了，
不再迷信要停留在誰的身邊，
但又是禁不住去量度我與你之間的距離，
如今是遠了多少，曾經是有多接近。

即使我們的世界其實已經不再交集，
最熟的朋友們，已經沒有一個人會提起你，
已經不會有人記得，曾經我與你是多麼靠近，
曾經是同步得，沒有別人能夠明瞭那動魄驚心……

再沒有了，我們已經離彼此好遠好遠，
雖然還是依然能夠，
在每天的臉書看見你的近照，

你各種生活的近況，你的笑臉，
你的理想你的夢；
雖然還是依然能夠，
在每夜的手機裡看到你最後的上線時間，
知道你這晚是幾多點入夢，
知道你會不會又為了誰人不能入眠……

雖然已經離得好遠了，
但似乎還是仍這麼貼近……
雖然我們能夠如此自我安慰，
只是那笑臉始終沒有聲音，
那晚安最後還是不會被送出，
是似遠還近，可惜也已經不會再相似。

禁不住去量度我與你之間的距離，
如今是遠了多少，曾經是有多接近。

找　換

喜歡一個人，
不一定會為對方帶來感動。

為了他，你試過多少晚忍住睡意等他訊息，
為了他，你改變了自己多少習慣去迎合他，
你不敢對人自誇、你的付出有多偉大，
你只求能夠一點一點去打動對方的心，
盼有天會成就出與他一同走往未來之路。

然而，你做了這些，或做了更多更多，
他仍是沒有喜歡或理會自己，
有時候對方還會顯得嫌惡，逃得遠遠，
你開始會問，自己是不是做錯了甚麼，
是做得不足夠，還是做得未夠好。

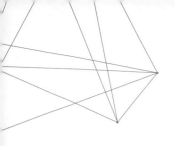

有些事情做不好，

可以去學，可以去參考別人的方法，

可以再去堅持或嘗試，

一點一點去找出適合自己的路，

只要不放棄，一定會比現在做得更好，

最後一定會成功……

但其實，這未必適用於每一樣事情，

尤其是，喜歡一個未必會喜歡自己的人；

需知道，喜歡一個人，

每一個人都會不同的方式，

同樣，如果被別人喜歡，

每個人心裡也會有自己的偏好，

有些人喜歡別人默默的付出，

有些人寧願乾脆爽快的表示，

有些人相信時間會證明一切，

有些人追求純粹的心靈相通……

而通常我們都不會知道，

他到底喜歡一個人用怎樣的方式去喜歡自己，

尤其當，他本來就不喜歡你，

也不打算讓你明白了解他更多。

有時候你可能會幸運地找出他的喜好、
讓你們發展得更好，
但更多時候，你將真心投進那一片大海，
卻沒有激起半點水花或波紋，
一次又一次，你的關心換來他的嫌惡，
你的追貼去造成他的壓力，
而你始終不知道，自己是不是做對了，
自己的感情到底有沒有打動到對方，
因為你做得更多，
但依然無法去了解、靠近他一點……

直到很久以後你才明瞭，
原來自己是用了不對的方式去喜歡這一個人，
原來在最初最初，就已經錯了，
又或者，在第一眼接觸的那一剎，
你們的這個故事已經註定了結局，
他沒有喜歡自己，
你們的路以後也朝著那個方向進發，
你有多想去扭轉這個結尾，

努力過付出過堅持過心痛過，

但始終沒有引起奇蹟，

卻累積更多沉重與無能為力，

感動不了別人，也沒有感動自己……

你知道，自己其實已經累得夠了，

自己其實應該要放手，

甚麼時候應該苦苦堅持，

甚麼時候應該笑著離開，

如今你終於學得懂；

即使你的喜歡換不到他的感動，

但放手，至少可以換回你的自由。

即使你的喜歡換不到他的感動，
但放手，
至少可以換回你的自由。

更 新

分開以後，
你仍然會常常更新他的事情。

最初，你會更新他的臉書，
他的 whatsapp 最後上線時間，
他的 Instagram 相簿，
他很久沒更新的 Blog，他網上的一切；
漸漸，你會在有空的時候一併更新，
他好朋友的臉書、whatsapp、Instagram，
看看會不會有他的讚好或留言，
會不會有他的照片……

然後有天你發現，
他跟另一個人在一起了，

你明查暗訪到對方的臉書、Instagram 甚至電話，

追看這個陌生人每一段更新的記錄，

偶爾會看得不知道時間過去，

偶爾會因為看到某一段不屬於自己的快樂，

而不能入眠……

其實你只是藉著更新，

來繼續念舊。

越是更新，越放不低。

有些事情，其實是無必要再更新太多，

如果看完了，你會更不開心，

又或是會讓自己心癢難熬、想知道更多，

那為甚麼不讓自己停一下，

放下你的手機，放自己半天假。

在網絡裡，在旁人口中，

你再怎麼去更新，也未必能夠知道，

那一個你在意的人最真實的一切，

就如，你也會選擇只在臉書透露自己快樂的一面，

就如，有些事情你根本不會讓朋友知道，

他亦一樣，更何況，

有些你最想知道的謎題，

當事人是已經不會再為那個答案作出更新——

他還會想念自己嗎，

他還當自己是朋友嗎，

他有對自己認真過嗎……

但這些問題，

往往要到有天你們面對面再重遇、

在你們雙眼對望接觸的那一刹，

你和他才會知道真正的答案；

而如今，你再不停更新搜索，

再不斷念舊回看，

你都不會找到你想知道的真相，

但你因為這些未可知道的，

而花更多光陰去找去看更多不應知道的，

浪費了時間心機，也讓自己不能安寧。

你知道的，其實你都知道，

這個世界有更多值得的人與事去需要更新，

例如你的親友，例如這個社會；

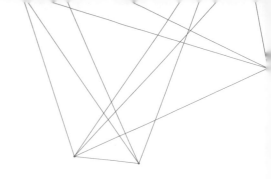

你何必再要為這個舊人而過份追念，
最後讓你自己感情狀態那一欄，
始終都未可更新……

是時候放開那個更新鍵，
是時候讓自己好好重生。

其實你只是藉著更新，
來繼續念舊。

幸　好

幸好他不夠溫柔，

幸好他對你不親切，

幸好他任性又不成熟，

幸好他待你總是不夠細心，

幸好他自私、常常不理你感受，

幸好他老是惹你生氣、又故意觸弄你，

幸好他並不是對你言聽計從，

偶爾會反對你、故意走相反的路，

幸好他喜歡跟你爭吵，多於假意附和你，

幸好他總是有太多麻煩、讓你煩惱透頂，

幸好他有太多朋友，

間中會把你忽略、讓你不會依賴，

幸好他不太了解你，

也不會花時間為你設想太多，

幸好他說話夠直夠真，

不會隱藏想法、讓你知道他的心意；
幸好他有自己的目標理想，
與你的並不相似、不會有太多交集，
幸好他已經有其他喜歡的對象、
已經再不能騰出多餘的位置，
幸好他總是會一直往前衝、
而不會為誰或為你回頭，
幸好，他並不是你喜歡的類型……

你們如今才能夠，
繼續微笑交好下去，
走得更遠，直到白頭……
你是衷心如此認為，
幸好，真的幸好。

你是衷心如此認為，
幸好，真的幸好。

怕　誰

你想找他，
但你怕他在忙；
你想見他，
但你怕他會累。

你想發他短訊，
但你怕他不會回覆；
你想等他找你，
但你怕他會忘了自己。

你想問他的想法，
但你怕他逃避你的問題；
你想去講自己的心情，
但你怕他嫌你煩不願談下去。

你想他會在乎你多一點，

但你怕自己是要求得太多；

你想讓他知道你有多認真，

但你怕他一知道你們就不會再見。

你想去喜歡他，

但你怕他不會喜歡你；

你想要放棄了，

但你怕他會不捨得自己……

是的，天氣不似預期，

世事總不會盡如人意；

一再認真了，卻為自己換來傷害，

自然就會變得保留，

怕受傷，怕失去，怕心碎，怕寂寞，

也是無可奈何。

然而，過度害怕未知的將來，

漸漸會慣於變得懦弱，

或是裝作堅強，

其實是不敢對人表露原本的自己，

將真心放在密不見光的盒子裡，
再沒有人可以看見或了解的同時，
自己也會開始變得不清楚，
自己真正想要甚麼；
只知道，自己會怕，
只知道，不要太認真，
不再期望，就不會再失望，
就算你都已經變得太委屈，
就算你都失去了原本的樂觀和自信……

然後，這一個沒有真正交心的自己，
往往又難以得到別人的真正喜歡，
讓別人不能夠了解你的思想與感情，
於是陷進不明不白的情況當中，
彼此猜度，或是誤解；
但你可能又會叫自己，
不要去問不要去想太多，
也不要告訴朋友或至親，
如果太難過，就乾脆放棄好了，
這樣以後就不會再煩惱再害怕，
即使如此，自己其實也不覺得快樂，

即使最後，自己其實也不捨得放手……

然後如此隱藏、逃避下去，
或是再一直循環，
有天自己還是會感到寂寞，
有天還是會好想有人留意得到自己的真心，
想真正的自己，
有一個人會願意接納。

也許你會說，受過傷受過苦，
才會如此害怕，
怕被別人捨棄，也怕別人不會喜歡自己；
然而，太害怕讓你失去自信和安全感，
你的過度隱藏和自我保護、
也將你的特質與優點都一併埋沒，
縱然臉上在笑，也感染不到喜歡的人，
也令自己開不了心。

真的還要再怕下去嗎，

真的不能找回自己的勇氣，

去面對自己一次，

去爭取自己想要的東西嗎？

還是你依然會怕，

真正的自己始終不會得到對方的喜歡⋯⋯

但，

如果可磊落做人，你會更吸引。

找回自己的勇氣，
去面對自己一次。

明 白 了

有些事情，
總是要在過後才能夠明白。

例如，甚麼是真正的喜歡，
甚麼是真正的愛；
以前你只要對方願意親口對你說，
喜歡你、愛你，
你就會相信對方是真心喜歡或愛你的。

以前，你以為只要對方喜歡自己，
只要互相都有心，
有幾多難題都可以跨過去，
有幾多困苦你都願意去忍耐。

以前，你相信愛一個人就是要接受對方的壞，

他再差再不好再任性再自私，
自己都要嘗試去忍受、去諒解、去包容、去自欺，
愛一個人是不求回報的，不應該去計較太多。

以前，你覺得再苦再痛，
也好過對方完全不理會自己，
十擔苦，一擔甜，其實也不錯，
甜的回憶可以變得更深刻，
更多的苦楚，或許能讓這段感情更加真摯動人，
然後苦盡了就會甘來，
然後，就不會再苦了。

以前，你相信這就是愛，
相信，只有這樣才算得上是愛，
深信，自己的感情一定是愛。

以前，你也相信自己的生命只有他，
即使他有或沒有說過，喜歡或愛自己，
即使，他最後還是離你而去……

有些事情，

總是要在過後才能夠明白。

喜歡一個人，

可以有太多理由或原因，

可以不只喜歡一個，可以有高低，

可以有比較，可以有變改，

說了喜歡，也不代表認真，

說了喜歡，也不等於對方就想跟自己一起，

說了愛，可以只是為了換取愛，

說了愛，可能對方根本不清楚何謂是愛。

喜歡一個人可以有各種條件或理由，

然而愛一個人，是一種感情上的昇華，

即使當日喜歡的條件可能已經不再，

例如你老了、再沒有以前漂亮，

但一旦認定愛這一個人，就不會再輕易改變。

你終於明白這一點分別，

因為後來，你遇上另一個真正愛你、

你也傾心去愛的人，

你們一起去跨過幾多問題與困難，

而不再是對方將問題留給你一個人去煩惱，

跟他在一起，你得到幾多關心與愛護，

不會常常被對方無視和忽略，

不需要再獨自為一個人，空等或守候太多。

就算你們彼此都還有一些缺點和幼稚，

但你們都會互相扶持、支持對方去改好和成長，

兩個人一同建立生活的道路、相愛的節奏，

一起向著同一個目標走下去；

縱然這一條路偶爾會有一點苦，

但你知道，自己身旁永遠會有著對方，

和自己笑著走下去，一起走到白頭……

然後，將來有天偶然回頭，

記得曾經有一個他，

他說過永不會變，說過喜歡自己，

甚至只不過說過友誼永固，

但然而，如今你們不會再見，

連在臉書說一聲生日快樂、Merry Christmas，

也沒有……

也許你仍然相信，

他和你說這些說話的時候，

是真心真意的，你們當時是真的相信，

自己是深愛這一個人，

心裡許諾，將來但願能夠如此；

但你終於明白，

有些事情可能只是源於、

我們對彼此和未來的憧憬與想像，

你說過你不會變，

他說過真的愛你，

只是你尚不明白將來的你，

只是他也不明白何謂是愛……

然後，多少年後，你們終於明白了，

只是那奇蹟，也不會再重來。

有些事情，

總是要在過後才能夠明白。

為了那一句說話

以前會覺得，
那一句說話是無比重要。

以前，
也許為了聽到那一句說話，
我們會為對方做過很多傻事，
付出很多，犧牲太多；
也許為了知道那一個答案，
我們願意一直默默等候，
堅持很多，錯過太多。

其實只是一句話，一個答案，
但為甚麼自己要如此執著，
為甚麼依然會想得太多，
即使對方似乎都不會太在乎，

即使自己為此而受過太多的痛；

即使其實我猜得到或太清楚你的想法，

即使有人曾經說過，有一些說話，

有一些感情與心意，

其實並不是一定要說出口，

不是一定要說了、或化成文字，

才是真的、肯定的，

才是不變的、永遠的……

也不是一定要讓對方知道或明白，

如果有些說話，是會傷害到別人，

如果有些心情，最後是不會得到回應，

如果有些感情，始終還是會傷害到自己……

但曾經自己就是會為那一句說話，

想過了很多，等待了太多，

就只是希望對方親口講一句，

如果對方真的在乎在意，

如果真的認真，

真的珍惜珍愛自己……

但那天，你還是沒有說出口，

也許是因為一時執拗，

也許只是因為一時迷茫，

而我們因為這一句話而漸走漸遠，

彼此往著相反的路去逃避、去尋找答案。

最後……

我們沒有再見面，

真的，我們沒有再見過一面；

已再不可能讓你知道，

我始終沒有讓你知道的那個答案，

已再不可能讓你明白，

那一句說話，最後能不能夠知道，

其實已經不再重要……

只因如今你都不會再在我的身邊。

我們因為這一句話而漸走漸遠，
彼此往著相反的路去逃避、
去尋找答案。

為 你 好

曾經，你遇過一個好人。
那個人也許本身並不是好人，
也沒有甚麼優點，
但你知道，那個人真的對你很好，
好得，你不可能也會對他這麼好，
好得，你就只會記得他的好。

就好似，他可以因為你的一句說話，
而立即趕出來與你見面，
也可以因為想見到你笑，
而費心思做很多你沒有要求過的事。
當然，你要求的，
他也是盡心的想為你做到，
不論那些要求，
其實可能是超過他的能力所限，
或並不是他的內心所願——

例如，要他沒條件地繼續等你，
例如，要一直做你的朋友，
最親近、永遠都不會背叛的朋友；
就算你從來沒有跟他明白地提出這些要求，
但你知道他就是會甘心去做到，
即使他其實是有多麼不快樂，
即使你始終沒有去珍惜太多。

可是，
你所要求的與你所回報的，
差距會越來越大，對方漸漸承受不了，
或許還會開始要求，你對他會有多一點重視。

只不過，
你也許知道自己不應該浪費他的好，
但你卻不懂得如何去珍惜他這個人；
從來，你就只認識他的好、
他的付出、他的不求回報，
他真正喜歡甚麼，他有甚麼想法，
他最想要的，他想你要怎麼對他，
這些想法，你始終都不太清楚。

或者你會知道或猜到，

這個好人是喜歡你的，

但是，他始終沒有向你表明，

又或者是你一直沒有給對方機會表明；

如果他是想你多重視他一點，

那麼重視的程度，又應該是多少？

是比朋友多一點嗎，還是想得到對等的重視，

就如他所重視你的那種程度——

每天每夜，就只會想著你這個人，

就算自己累了，就算心灰意冷，

也會為你一直堅持下去，

對你好，給你支持；

然後，漸漸卻讓你感到壓力，

然後，你再不能不正視，

這其實已經超過了朋友的程度。

但是，你對他也是如此嗎，

甚至乎，你當他，

是真正的朋友嗎？

如果你一直以來就只認識他的好，

如果，你其實並不喜歡這一個人。

然後，好人也終於會累，

好人沒有再繼續守在你身旁。

然後，你沒有留住他，

你樂得沒有人再煩著你，

你彷彿自由了一點，又恍然若失了甚麼。

然後，又過了幾年，

你開始變得成熟，也開始懂得去珍惜，

你漸漸後悔，自己當初曾經錯過這一個好人。

然後，在一次機緣巧合下，

你與對方再次聯繫起來，

你們約出來見面，談論近況，

說說彼此的感情生活，

甚至會聊起當年大家的一些幼稚與過份事。

彷彿可以打開心胸，再次互相真正認識，

你終於可以去真正認識，

這一個好人以前你一直忽略的各種面貌，

其實他也是一個普通人，

不會飛天遁地，也不是鋼鐵煉成，

一樣會想有人疼，一樣會寂寞，
想有人重視，想自己的心血不會被白白浪費。

你和他再次友好起來，
是真真正正的友好，
沒有曖昧，沒有不明不白，
你知道，自己是當這個人為真正的好友，
他也知道，你是真的如好朋友般重視他；
你知道，這就是他以前想要的，
如今你終於可以做到了，
如今，你終於知道怎麼去珍惜……

曾經，你遇過一個好人，
這個好人，終於成為你真正的好友。
這曾經是你的遺憾，也是你的願望；
而最後，他還是為你做到了。

他也是一個普通人，
不會飛天遁地，也不是鋼鐵煉成，
一樣會想有人疼，一樣會寂寞。

背 著 你

如果你明白，

一對真正的朋友，

不需要背著偷偷想念，

不需要為撥一個電話猶豫，

不需要為發一個祝福短訊而掙扎，

不需要看著對方的未回應訊息而等太多，

不需要因對方的一言半語而想太遠，

不需要時常怪責自己這位朋友做得不夠好，

不需要因偶爾被冷落而暗自生氣，

不需要反覆自問算不算是真的朋友、

是不是真的重要，

不需要與別人比較誰的位置較高、

誰比較親密，

不需要埋藏自己的感情、

刻意在見面時裝作冷淡，

不需要每天翻看對方的臉書、

卻不敢留下說話甚至讚好，

不需要在狀態欄為對方留下太多、

不知會否被接收到的歌詞或暗號，

不需要因為聽到某首情歌，

而不自覺地想起對方、不自禁地嘆息，

不需要時常向別人分享、

聽說友愛比戀愛漫長這道理，

不需要每季向自己催眠、

其實停在今天這一處也不錯，

不需要為著一個其實已經不算是朋友的朋友而想念
太多，

不需要為著一個已經過去已經斷絕來往的人而遺憾
太多……

朋友，如果你真的明白，

又或是你竟然看得到這些不需要，

那麼你應該可以明白到，

為甚麼我們會再沒有來往、沒有話說，

為甚麼到最後，

我與你始終都不能成為一對真正的朋友⋯⋯

真正的朋友，

不需要背著想念，

只要能夠相見而笑，就已經足夠。

真正的朋友，
不需要背著想念，
只要能夠相見而笑，
就已經足夠。

迷 途

能夠全心全意去追求、付出或努力，
是一件幸福的事情。

有些人很清楚知道自己的目標，
在別人眼中，他們大概也是十分耀眼的人，
會令人羨慕、或是令人妒忌，
因為他們不會像一般人，
會迷惘、會走錯路，
甚至連後悔的時候也沒有太多……

不像一般人，時常都會三心兩意，
有時會走遠路，有時會遇到牆壁，
有時來來回回前進不前，
有時又會走回回頭路，
常常會覺得，

被很多人拋離了、自己落後了，
常常會反問，這樣子的自己，
真的可以嗎，無法再向前嗎……

能夠勇往直前、一心一意的人，
他們要走的路通常都十分明確，
但那一條路，也只夠容納他自己一個人前行，
因為他們沒有太多時間停下來等待別人、
甚至是理解他的知交，
亦未必有太多經驗與智慧，
去了解走在其他路途上的人。

而目標不明確的人，
也許常常會浪費時間走了很多冤枉路，
但他所見過的風光、所走著的路，
可能又會比其他人要寬廣、坦蕩一點，
他會比別人有多一點心思、心胸，
去了解和感受其他人的不安、痛苦、
軟弱、傷痕與迷惘，
因為他自己可能都經歷過，
因為他們都是如此走過來的，

縱然曾經他也在那漩渦裡走不出來，

但有天當他振作了、重新再向前行，

他會比別人有更多力量，

去支持及鼓勵其他落後了的人，

甚至願意停下來等候，

讓不同路上的人聚在一起，

一同努力奮鬥互相支持成就更多的人……

其實很多人都會有過猶豫不決、

走錯路、不清楚目標的時候，

雖然會因此而錯過了甚麼，

或傷害了自己與別人，

但在這過程中，自己並不是完全沒有得著，

偶爾會了解自己的軟弱更多，

偶爾會學懂接受失敗的勇氣。

昨天失去的，也已經變成過去，

但如今自己仍然可以選擇怎麼面對，

可以微笑，可以痛哭後再振作，

而並不是昨天的成敗得失、

就完全可以註定今天想追尋的幸福。

總有一天，自己會再遇到另一條該走的路，

到時候，自己應該可以再勇敢一點，

就算走得不快，但不緊要，

這一段路，並不是只有你自己一個人，

你終會找到支持你的伙伴，

一起笑著走下去。

昨天失去的，

也已經變成過去，

如今自己仍可選擇怎麼面對，

可以微笑，可以痛哭後再振作。

強 弱

你知道，
付出並不一定會得來回報，
尤其是當你努力的對象，
並不一定想要跟你一樣去努力維繫這段關係。
但有多少次，你還是為了他而忘了自己，
而變得更勇敢和堅強。

即使你本來並不是一個堅強的人，
即使他都未能知道，當你獨自一個的時候，
也曾試過軟弱和退縮，不清楚自己想走的方向，
不知道自己應不應該繼續；
你會好想有一個人，可以來聽聽自己的心聲，
可以陪自己呆一會兒，
就算彼此不能夠擁抱，或是不會在一起……
但是因為他是你最重要的人，
你可以暫時拋開忘卻這一切，
在某些時候，變得比他更加強壯；

當他軟弱了，你會給他最溫柔的安慰，
當他退縮了，你會讓他知道他並不孤單，
他迷失了，你會伴他重拾自己的目標，
他受傷了，你會為他留一個喘息的空間⋯⋯

是因為你喜歡這一個人，
你下了決心，要讓他得到更多的快樂與幸福，
於是你甚麼都不再害怕，
也不容自己有太多懦弱，
只想一心一意不顧後果，
付出所有也會無悔無憾。

只是，你努力的對象，
並不一定想要跟你一樣去努力維繫這段關係，
你可以因為他的笑臉而變得堅強，
但也可以因為他的若即若離，
而變得困惑、失意，
長期累積下來，人就會開始變得軟弱；
也許你想過讓他知道你的這點感受，
只是他未必明白，或未必想聽，
然後漸漸，你就會變得不想再說話，

彷彿在自我保護，實則是將自己隔離開來。
你知道應該跟別人去將這些心情抒洩出來，
但你怕陌生人會知道你的弱點，
但你怕重視的人又會繼續無視你的難堪，
於是你寧願讓自己繼續一個人，
去裝作堅強，去獨自軟弱。

偶爾，你會因為太思念太愛護他，
而稍稍變得強壯一點；
偶爾，你又會因為始終得不到他的著緊，
而再次變得失意消沉。
你一個人，反反覆覆循環這條路，
有天你或許不會再問是否應該繼續，
是因為你都已經開始麻木了嗎，
還是你終於變得強韌到不再需要別人的顧念，
不管你快不快樂，不管你寂不寂寞。

你寧願讓自己繼續一個人，
去裝作堅強，去獨自軟弱。

答　案

總有一些謎題，
就憑自己一個人，是永遠都不能解開。

該怎麼解開？
那個問題，是他離開前留給自己的禮物，
也許他是故意留下的，
也許，他早已不將這個問題放在心，
但他是永遠都不會知道，
那一個問題，在你以後的人生裡，
困擾煩惱了你多少個夜深；
每當風起，每當你記起他的笑臉，
那一個本來被你埋藏在一角的謎題，
又會如幽靈般重現，來提醒或取笑你，
為甚麼當日他沒有給自己一個答案，
為甚麼，他最後要不辭而別、

來不及讓你去跟他說一聲再見，

甚至是，好好的將他留住……

他是不會知道的，

因為，他都已經離開了你的生活，

可你也清楚，要解開這個謎題，

卻始終需要他的一聲回覆；

去問他嗎，也許他不喜歡自己的打擾，

也許，相隔了這些日子，他都已經忘了自己了；

又也許，他會取笑自己的小器，

你怎麼還會記掛著，

已經過去這麼久遠的一段插曲？

但你卻不知道該怎麼告訴他，

這段插曲，在你的生命裡一再的重播著，

你是有多麼認真的想知道，

那一抹笑那一句話，背後的真正含義，

他當時是怎麼看待自己，

他如今是怎麼回看自己……

你一直猜一直想，卻始終，

都不敢再親口問他一次。

也許，有一天你會突然頓悟，

有些謎題與答案，其實不用再去驗證，

也許是因為隨著時間過去，

隨著成長、成熟，

自己已經可以學會看開；

又也許，不再執迷那答案，

甚至不再執著得到或得不到，

反而可以留給自己日後再回憶的餘地。

就算憑經驗或理性推測，

你是可以猜得到真正的答案，

但猜到了與肯定了，是不一樣的，

肯定了，就沒有再拒絕接受、

甚至欺騙自己的空間，

既成事實，不能再逃避否認；

猜到的，始終還有著一點的不肯定，

自己還可以選擇，

要為哪一個可能的答案去等去痴，

或笑著相信，或忍痛放手，

即使最後都不會有人再告訴自己，

真正的答案……

但如果能夠隨自己喜歡，
自由地快樂思念下去，
那麼又何必再去勉強驗證，
應該過去了的那些曾經。

又何必再去勉強驗證，
應該過去了的那些曾經。

想見不相見

你知道，選擇以後不見面，
是要將對方永遠留在特別的位置。
不見面，才能夠有餘力去客觀回望，
過去彼此的誤會、幼稚與爭議，
不見面，才能夠有時間去學懂，
應該怎麼跟對方相處，怎麼可認識自己；
不見面，才可察覺對方的笑臉是那麼溫柔，
不見面，才發現自己的思念可以如此悠長……
不見面，才知道那一天的執著並不一定合理，
不見面，方後悔有些事情是不可以重來。

不見面第一天，
最初可能還會不自禁擔心或亂想，
怕對方會不會找不到自己，
需要自己，或是忘了自己；
不見面一星期、一個月，

你也許會開始習慣聽不到對方聲音、

收不到他的短訊，

假期的清晨，

你們再不可能會約出來見面飯聚，

累極的夜深，

你也不會再傳一個短訊過去，

去訴苦或換取他的笑臉……

然後，又一季，又一年，

你會開始忘記他的面貌嗎，

還是你偶爾會翻開與他的合照、

聽回他留給你的聲音短訊，

讓自己依然記住這一個特別的人，

一個你寧願選擇不見面，

但活在你心坎裡的影子，

在你失意迷惘時，

在你夜深夢迴裡，

你們依然會笑著對望，

依然會結伴同遊、友好如初……

即使你如今已不能確定，

他是不是也跟自己一樣，
寧願選擇不見面，
來讓對方變成最珍貴的一段回憶，
還是自己對他其實並不重要，
他早已經忘了自己，
你只不過一廂情願……

但就算真的如此，
你也寧願繼續用這一種方式，
將對方永遠留在特別的位置，
來好好懷念，來變得純粹。
不要刻意聯絡，不會想得太多，
你相信不見面對彼此更好，
否則只會破壞如今難得的平靜，
否則，為何當初你們要選擇不再見，
那些日月，自己的堅持又有何意思。

你知道，選擇以後不見面，
是要將對方永遠留在特別的位置。

裝 睡 者

聽說裝睡的人，
就算你怎麼叫喊，
也是叫不醒的。
有些事情，
你知道對方明明是明白的；
只要稍微懂得顧念別人，
只要懂得將心比己，
一個人又如何會不能知道，
別人是怎麼對待自己、
是帶著怎樣的感情，
以及，會有哪些感受——
一直被忽視，會變得卑微，
付出得太多，始終會疲累，
而你不是鐵人，而對方始終沒反應。
就當那個人遲鈍或後知後覺，
你放下自尊，

向對方暗示或坦白你的感受，

但那個人聽到了，

卻彷彿沒有半點縈懷，

沒有給你太多肯定或是回應，

又或者其實也是有回應的，

就是繼續對你忽視、予取予攜更多，

像似，你的付出與心灰意冷，

是理應如此的；

偶爾對方也不是完全狠心、

沒有給你選擇，跟你說，

你喜歡的話，就繼續如此下去，

要不，你就離開好了……

但你其實並不希望，

要得到這樣的回應。

你將自己的真心、最好的一切，

付送給這一個人，

只是這個人可以沒有半點珍惜，

始終視而不見，

無論別人再怎麼難受，

他也可以在自己的世界裡，

繼續自私，或任性……

而你知道，
這個人其實並不是完全不察覺，
他只不過在裝睡而已，
你怎麼喊，他也不要醒過來，
再怎麼生氣、著緊、傷心、勸勉，
他還是繼續要看不見你的世界……

聽說裝睡的人，
就算你怎麼叫喊，
也是叫不醒的，
其實，你是很清楚這道理……

親愛的朋友，
到甚麼時候你才會醒呢？

他只不過在裝睡而已，
再怎麼生氣、著緊、傷心、勸勉，
他還是繼續要看不見你的世界。

夢　醒

如果有天回看，

你們之間有過的故事，

你也許會發現，

自己原來花了大部份時間在等待、猜想、不安和煩惱，

你們可以真正彼此對望的時間，

只佔了這故事的十分之一、甚至百分之一；

然後在這百分之　裡，

有多少時候彼此又因為慢熱、隔膜、冷空氣，

而不敢跟對方說出心裡的話，

甚至不敢向對方擠出笑臉……

又有多少機會，你們終於可以幸運地心意互通，

沒有開口，憑藉一個眼神，

就能夠明白到對方的想法，

只輕輕的一個微笑，你們就無比確信，

那一刻的你們是如此同步、

全心全意地只有眼中這一個人，

何必再刻意解釋或不安更多，

就算狂雷暴雨，也未可打斷你們的步調和默契。

你們知道，這一刻你們是多麼幸運，

也會害怕，這一點幸福未必可以延續下去，

但只要有一刻是曾經如此默契貼近過，

那麼即使以前將來有過幾多孤單和不安，

你也會勇敢向前，期待有天可以再與對方約在一起，

再次經歷這點兩個人的幸福……

然而有幾多時候，

我們是一個人獨自憧憬，

為另一個人去等去追逐這點不屬於彼此的夢，

直到有天回頭，才想起自己已經浪費了太多時間，

直到哪天才終於醒覺，

原來他並不是這個故事的真正主角，

即使你如今可能還是如此喜歡著他，

他始終不會與你同步、不能夠成為你的理想；

你花了太多心機去追尋理想中最美妙的那一刻，

但夢最後還是應該要醒了，

從期待他來挽起自己雙手的夢，

從始終沒有人來拯救自己的噩夢裡醒過來⋯⋯

加油。

但夢最後還是應該要醒了⋯⋯

說 再 見

有些人，
你是多想和他回到從前，
那些無所不談的夜深，
那些將對方看得無比重要的季節。

曾經你是多麼遺憾，
你們不再如以前親近，
縱然你仍記得他的生日，
他應該也能知道你的近況，
可是你們依然沒有通過一個電話，
甚至是連發一個短訊也會猶豫；
是因為你怕，太久沒接觸的兩個人，
可能會相對無言，
甚至是，會先被對方拒絕，
想開口也不能夠？

還是你曾經試過，

和你一直在乎的那誰再度重遇，

你們可以每天見面，

你和他有無窮盡的對話機會，

你們甚至還可以約定將來再聚，

不用再無了期的念記牽掛……

只是你心裡知道，

你們是不可能再次回去，

那些無所不談的深夜凌晨，

那些每天都想靠近都會在乎的時光……

曾經你是多想，

跟對方好好說一聲再見，

不要再一次不辭而別；

然而，如今，

你們終於可以再見，

也可以成熟地笑著說再見，

但那些年的你們，

隨著時間成長，隨著記憶老去，

你知道，以後是不可能會再見……

然後，你會寧願，
你們從來沒有再見，
讓自己可以繼續念掛，
回憶中的他和你？
還是，你會笑著與他說再見，
以後，讓自己跟那段過去不要再見。

還是，
你會笑著與他說再見，
以後，
讓自己跟那段過去不要再見。

錯失

總是在過去了之後，
才察覺到那些人與事，
原來對自己是如此重要。

即使在未失去的時候，
你是曾經那般輕視或討厭他，
即使在你狠心將一切都破壞的最後，
你還是不會為對方去流一滴眼淚……

之後，你過了一段平靜的日子，
你開始常常感到，有一點莫名的恍然若失，
縱然擁有了幾多名成利就、幾多同伴歡笑，
但心裡的杯子總是不能夠填滿，
就像有一個不知道藏在哪裡的缺口，
在悄悄地將你積束建立的一切都溜掉，
你努力去需索或抓緊更多，
但始終不滿足的感覺也變得更明顯。

然後，直到哪天，

一次偶然，你再重遇那一些人與事，

你忽然發現，原來他們曾經在你心裡，

佔駐過十分重要的位置，

當時你對他們無情，

也許是因為你不夠成熟、不懂珍惜，

又也許，你只是太遲才明白到，

其實你對他們的喜歡、

你與他們之間一起建立過的感情與回憶，

並非是其他的人與事可以輕易替代；

而你相信自己是堅強的、自由的，

不要也不會受到他們的牽絆或困住，

你要追求眼前更耀眼的、

或旁人更認同的成功與機會，

於是你放棄了這些、

其實早已成為你內心支柱的重要部份，

直到如今，你驀然發現自己竟然如此錯過，

自己一直不斷的追尋、或迷失，

原來是想要用來替代當初的缺漏，

只是一些自己其實並未認真明白的情意結，

然後偶爾，你幸運地遇到了另一些，

真正對的、應該珍惜的人與事，

然後偶爾，你回看那些曾經被自己放走了的人，

他們找到屬於他們的真正快樂，

自己不能夠再去打擾，也沒權利再要對方為你停留⋯⋯

你知道，這一個心結，

大概是永遠都不能解開，

但這也是他所留給你最後的珍貴一課，

讓你明白到，愛一個人要及時，

不能總是等到失去後才後悔，

也不能夠總是追悔以前、再錯過更多現在的幸福，

即使以後，你們的路是未必會再有交集的可能，

但他還是成為你人生中重要的一部份，

有時讓你去追，有時給你反思，

有時令你卻步，有時伴你昂然面對。

他所留給你最後的珍貴一課，
讓你明白到，愛一個人要及時。

有　人

或許有很多人，都曾經有過這一個人。

可能你已經認識他很久，可能也不，但你們卻相知甚深。
可能他跟你生在同一類家庭，可能也不，但你們卻性格相近。
這樣的一個人，那天忽然在你的世界裡出現。
最初的時候，可能你並不太了解他。
你會以為，他跟自己是不同類的人。
你會暗想，自己不可能會跟他走近。

不過也許物以類聚，又或者異性相吸，你跟他越走，越近。
有時候，他會找個理由來約會你。
有時候，你會裝作有空去應他約。
他喊苦了，他會第一個找你傾訴。
你說悶了，你會想要他為你解悶。
他不是你的親人、同事或同學，
你們卻會每星期見上幾次面。

你不是他的情人、另一半或追求對象，
你們卻會每晚通上幾小時電話。
他是追求你嗎？ 你又不敢肯定。
只知道，他偶爾會傳你短訊，說覺得寂寞……
你是喜歡他嗎？ 你也不敢肯定。
只知道，你偶爾會很掛念他，掛念到寂寞……

有一次他傳你短訊，說他醉了。
當下你就好想，立即到他身邊照料他……
雖然最後，你沒有去。
有一次你傳他短訊，說你累了。
他立即致電來，
想知道你在甚麼地方……
雖然最後，你婉拒了。

每次，在你感到他那似有還無的眼光時，
你也為自己的不肯定而惶惑。
曾經他鼓勵過你，試著再努力跟以前的另一半發展。
曾經你也開解他，嘗試多點跟他自己的另一半溝通。
你不理解他當時鼓勵你的動機，
但你知道自己在開解他的時候，是真心真意的。

不過有天你忽然回想，當時自己的剎那衝動，

其實可能只是想表現得大方一點而已……

因為有一次，他失你的約，

為的只是去陪他的另一半，你禁不住生他悶氣。

而到了下一次，輪到你故意爽他的約，

你方發現，原來自己是在呷他的醋……

或者，自己真的是喜歡他吧。

但那種喜歡，卻又不足以令你想去跟他發展。

有時候你會勸慰自己，不如就此放棄。

有時候你會鼓勵自己，想要勇往直前。

有時候你會想致電他，把感覺說清楚。

有時候你會在他面前，將心意藏起來……

然後，在你如此猶豫忐忑之際，

有天你忽然感覺到，他似乎漸漸離你越來越遠。

或者是因為，你表現得若即若離，令人卻步……

或者是因為，他本來沒半點意思，發展曖昧……

你不知道。

你只知道，開始會沒有人，在夜深跟你談通宵電話。

也開始會沒有人，在清早專誠致電來，跟你說早晨。

每天你都會在床上茫然，自己是否不過做了一場夢，

一場甜蜜但不溫暖的夢。

只是最後，在呆過了幾個這樣的清晨，

你還是知道，自己要清醒了……

曾經，有過一個這樣的人。

他給過你某些，你最後還是說不清楚的微妙感覺。

雖然這個人，最後也不是自己的誰。

他也許還會偶爾出現在你的生活裡，

像惡作劇般打亂你的心跳節奏。

可是，你始終仍是氣他不下。

或者還會趁機，去反戲弄他一下……

想到這裡，你心裡悄悄的笑了。

只因為，在某年某月某日某時，

你和他的眼光，在那道軌跡彼此交會過。

然後他跟你彷彿談了一場戀愛，在你手心的生命線裡，

留下一絲短暫而深刻的痕跡。

曾經，有過一個這樣的人。

● 國家圖書館出版品預行編目資料

曾經，有一個這樣的你 / Middle 作.
-- 初版 . -- 臺北市：三采文化，2015.1
面； 公分 . -- (Mind map：89)
ISBN 978-986-342-291-4（平裝）

1. 戀愛 2. 兩性關係 3. 文集

544.3707   103024952

suncolor
三采文化集團

Mind Map **89**

曾經，有一個這樣的你

作者	Middle
主編	鄭微宣
美術主編	藍秀婷
美術編輯	Claire Wei
封面設計	林奕文

發行人	張輝明
總編輯	曾雅青
發行所	三采文化股份有限公司
地址	台北市內湖區瑞光路 513 巷 33 號 8F
傳訊	TEL:8797-1234　FAX:8797-1688
網址	www.suncolor.com.tw
郵政劃撥	帳號：14319060
	戶名：三采文化股份有限公司
初版發行	2015 年 1 月 9 日
20 刷	2023 年 3 月 15 日
定價	NT$320

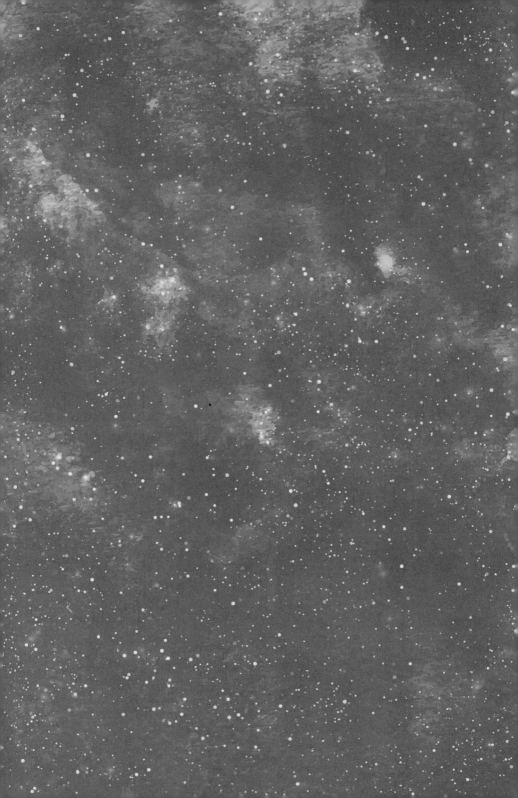